ESGG

이제 지구와 공감할 때

CONTENTS

초판 1쇄 발행 2023년 12월 19일

지은이 한승수, 전하진, 유제철, 홍은표, 이찬원, 류영재, 최정규,
　　　　이준호, 김일동, 정형철, 김미성, 신항숙, 홍성웅, 최순종,
발행인 권선복
편　집 이항재
교정·교열 이선종
디자인 이항재
전자책 서보미
발행처 도서출판 행복에너지
출판등록 제315-2011-000035호
주　소 (07679) 서울특별시 강서구 화곡로 232
전　화 010-3993-6277
팩　스 0303-0799-1560
홈페이지 www.happybook.or.kr
이메일 ksbdata@daum.net

값 **20,000**원

ISBN : 979-11-92486-92-5 (13320)

Copyright ⓒ 한승수, 전하진, 유제철, 홍은표, 이찬원, 류영재, 최정규,
　　　　이준호, 김일동, 정형철, 김미성, 신항숙, 홍성웅, 최순종,

prologue

Global Good을 위하여

공기와 물이 없다면 사람은 잠시도 살 수가 없다. 모든 생물도 마찬가지다. 공기와 물은 태초에 충분히 풍부하게 있어서 값을 치루지 않고 무료로 사용할 수 있는 자유재(free good)였다.

그러나 인구의 급격한 증가와 산업의 획기적인 발전은 점차로 공기를 덥게 하고 물의 부족을 가져오게 하였다. 소위 지구온난화와 이로 인한 기후변화의 결과로 대기의 온도가 올라가 생태계가 적응하기 어려운 현실이다. 뿐만 아니라 오늘날 지구상 인류의 22억 명이 물부족 상태에서 살고 있으며, 35억 명은 위생시설이 없이 비참한 고통 속에서 생활하고 있다. 또한 급격한 기후변화로 해수면 온도가 상승하면서 태풍의 빈도가 잦아지고 그 강도도 커지고 있는 반면에 일부 지역에서는 기후변화로 인한 가뭄이 만연하고 확대되어가는 추세에 있다. 그 결과 갈수록 물과 식량의 공급은 한정된 공유재(common good)가 되어 심각한 문제가 되고 있다.

'Global Good'은 '전 세계 모든 사람들에게 공익이 되는 것'이라는 의미로서 우리 민족의 '홍익인간' 정신과 연결된다. 이것은 지구의 지속가능한 발전을 추구하면서, 모든 생명체가 존엄하게 공존하는 세상을 만들기 위해 우리 모두가 가져야 할 가치이다.

인류 문명은 개인들의 성장과 사회적 시스템을 발달시키면서 물질적 풍요를 이루었다. 하지만 이 과정에서 탐욕이 지나쳐 지구적 문제인 기후위기, 물 위기 등을 초래하고 말았다. 이런 현상은 모든 국가가 Country Good을 추구하며 자국의 발전에만 치중하면서 초래된 결과이다. 하지만 이제는 국가 간의 이해 충돌로 야기되는 지구적 문제가 중요한 해결과제로 부각되었음에도 불구하고 이를 조정할 수 있는 지구적 질서가 아직 제대로 정립되어 있지 않아 문제해결에 어려움을 겪고 있다. 앞서 제기한 기후위기 등의 문제는 지구적 현안으로서 지구공동체의 일원인 우리가 Global Good을 지향하는 가운데 해결될 수 있는 일이다. 안타까운 일이지만 UN 회원국들 대부분이 자국의 이익만을 고려하는 Country Good에만 치중하고 있어 국제사회의 질서 확립이 요원한 현실이다.

더욱 심각한 사실은 인류에게 닥친 기후위기 등의 문제를 해결할 수 있는 시간이 불과 몇 십 년밖에 남지 않았다는 점이다. 이 문제를 서둘러 모두 함께 해결하지 않으면 인류의 미래를 담보할 수 없다.

지구적 문제 해결을 위해 최우선으로 필요한 것은 인류가 하나의 운명 공동체임을 자각하고 모든 생물종과 풍요로운 공존을 하겠다는 뜻을 가져야 한다는 점이다. 다시 말해 개인, 조직, 사회 그리고 국가 등 모든 인류공동체가 Global Good을 지향하는 문명사회를 만들겠다는 강한 의지를 가져야 기후위기 및 물 위기 등의 난제들도 해결할 수 있을 것이다. Global Good은 다음의 세 가지 측면에서 필요하다.

첫째, 모든 인류의 지속가능한 발전을 위해 필요하다.

민족이나 국가를 초월한 지구공동체를 이루지 못하면, 인류는 기후위기, 물 위기, 양극화 등 생존에 필수적인 난제를 해결하기 어렵다. Global Good을 추구한다면, 인류는 이러한 문제를 해결하고, 모든 인류가 지속 가능한 삶을 누릴 수 있는 기반을 마련할 수 있을 것이다.

둘째, 모든 생명체와 풍요로운 공존을 위해 필요하다.

지구에는 다양한 생물종이 존재하며, 이러한 생명체들은 서로 연결되어 생태계를 이루고 있다. 인류가 모든 생명체를 존중하고, 공존하기 위해서는 Global Good을 추구하는 가운데 선형적 사고를 순환적 사고로 전환해야 한다.

셋째, 인류의 새로운 가치창조를 위해 필요하다.

인류는 다른 생물종과 풍요로운 공존이 가능한 지속가능한 발전을 추구한 적이 없는 것 같다. 하지만 이제는 하나의 거대한 유기체 같은 새로운 지구공동체를 창조해야만 한다. 인류는 특유의 창조성 등을 바탕으로 지구공동체를 이끌어갈 가치를 창조해 내야 한다. 이런 가치 창조의 지향점으로 Global Good을 추구해야 한다.

따라서 Global Good에 대한 인식 제고 및 국제사회의 연대를 강화해야 한다. 다행스러운 것은 세계 여러 나라가 이러한 Global Good을 교육이념으로 삼고 있다는 사실이다. 대한민국도 교육기본법 제2조에 "교육은 홍익인간(弘益人間)의 이념 아래 (중략) 민주국가의 발전과 인류공영(人類共榮)의 이상을 실현하는 데에 이바지하게 함을 목적으로 한다."고 명시되어 있다.

Global Good이 개인들의 생활과 기업의 사업모델, 그리고 국가 정책에 실질적으로 반영될 수 있도록 함은 물론이고, 국제적인 협력 등을 통해 전 세계가 하나의 운명공동체가 되도록 적극 추진해야 할 것이다.

지구적 윤리관(Ethical)과 지속가능한(Sustainable) 발전을 통해 지구적 선(Global Good)을 추구하는 프레임워크로 ESGG(Ethical Sustainable Global Good)를 제안한다. 전 세계 모든 인류가 ESGG를 통해 Global Good을 지향하며, 기후와 물 위기를 극복하고 새로운 문명사회 건설에 동참하길 기대한다.

UN총회의장협의회 의장 한승수

ESGG

지구공동체로
나아가는 길

01
Executive Summary

기후위기는 인류가 직면한 가장 시급한 문제이다. 산업화 이후 폭발적으로 증가한 인구와 물질문명의 확산은 지구환경을 파괴하고 인류의 생존을 위협하고 있다.

기후위기의 직접적인 원인은 인류에 의한 온실가스의 과다한 배출이다. 탄소 감축을 위해 2015년 파리기후협약에서 회원국이 약속한 NDC를 100% 달성한다고 하더라도 당면한 기후위기를 해결하기엔 역부족이다. 따라서 1.5℃ 도달 시기는 2030년 전후로 앞당겨 지고 있다.

앞으로 10여년 안에 전 인류는 다 함께 특단의 대책을 내놓고 이를 적극적으로 실천하지 않으면 안 되는 상황이다. 현재 국제사회의 기후위기 대책은 대체로 에너지 전환, 에너지 효율 등 주로 매크로한 공급분야에서의 탄소감축 노력에 집중하면서 성과를 내고 있지만, 소량의 탄소감축도 매우 중요하며 이러한 기후행동에 개인이나 중소기업 등 다수가 참여하여 수요를 확실하게 억제하는 노력이 뒷받침되어야 실질적인 효과를 거둘 수 있을 것이다.

지난 2020년 전후 코로나19로 인해 전 세계 경제가 멈춰 섰을 때 처음으로 인류가 배출하는 탄소배출총량이 줄었다는 사실은 기후위기가 우리의 행동과 시스템이 원인임을 밝혀준다. 따라서 현재의 경제사회시스템의 과감한 개혁이 필요하다.

　기후문제 해결을 방해하는 또 다른 장애물은 지구적 윤리관의 부재다. 기후위기, 양극화 문제 등 UN이 제시하는 SDGs의 목표는 지구적 관점에서 해결해야 하는데 여전히 국가적 관점과 이익에 머물러 있어 지구적 문제 해결을 어렵게 하고 있다. 현재 지구상에서 벌어지고 있는 다양한 전쟁, 기아 문제, 그리고 기후 문제는 지구공동체의 일원이라는 의식을 가지고 있었다면 아예 발생하지 않았거나 다른 방식으로 해결할 수 있었을 것이다. 이처럼 국가적 관점의 인식수준으로는 해결할 수 없는 난제가 산적해 있다.

　상기한 문제해결을 위해 새로운 삶의 방식과 새로운 경제사회시스템 구축이 필요하다. 국가적 관점을 뛰어넘는 지구적 관점의 윤리관(Ethical)이 필요하고, 지속가능한 발전 방안(Sustainable)이 필수적으로 고려되어야 하며, 모두가 지구공동체를 위한 지구적 선(Global Good)을 추구하겠다는 꿈을 가져야 한다. 이러한 비전의 실행 프레임워크로 ESGG(Ethical Sustainable Global Good)를 제안한다.

ESGG는 지구적 윤리관(Ethical)에 따라 지속가능한(Sustainable) 발전 방안을 통해 지구적 선(Global Good)을 추구하는 프레임워크다.

ESGG 프레임워크는 우선 현재 인류가 처한 지구적 문제에 대한 이해를 통해 이를 해결할 수 있는 지속가능한(Sustainable) 발전 방안을 만들고, 지구적 윤리관(Ethical)에 따라 지구적 선(Global Good, GG)을 추구하는 ESGG선언문(GG Vow)을 작성하여 이를 공개적으로 선언하고 실천하자는 것이다. 그리고 결과를 공개함으로 더 많은 사람들이 지구시민으로서의 삶과 의식을 고취하도록 돕자는 것이다.

다행스럽게도 인류는 디지털세계를 통해 집단지성을 확장할 수 있는 가능성을 열었다. 이렇게 비약적인 디지털세계의 발전으로 인해 인공지능 등 인류의 지적능력은 기하급수적으로 확대되고 있으며 이를 통해 현실세계를 최적화하고 지속가능한 발전이 가능하도록 만들었다. 다만 이들의 지식이 지향하는 가치가 달라 서로 충돌하기도 하고 심지어는 파괴에 대한 공포도 존재하는 상황이다. 이것을 방지하기 위해서라도 지구적 윤리규범의 형성은 매우 중요한데 ESGG를 통해 이를 구현할 수 있을 것으로 기대한다.

우리는 UN이 이러한 ESGG를 널리 보급하고 이를 통해 집단지성을 구축하는 중심기관이 되어 주기를 희망한다. 모든 인류가 스스로 지구시민으로 성장할 수 있도록 격려하고 지원하여 하루빨리 진정한 지구공동체를 건설하는데 UN이 중추적인 역할을 해 주어야 한다. 개인이나 집단의 욕망을 추구해 온 인간들에게는 매우 급진적인 선택이 될 수 있겠지만, 퇴로가 없는 기후위기상황이라면 이를 빠르게 받아들이고 대 전환을 할 수 있을 것이란 기대를 해 보는 것이다.

특히 미래세대인 청소년들이 미래에 대해 절망과 공포로부터 벗어나 지구적 선을 추구하고 지구공동체를 건설하겠다는 원대한 꿈과 희망을 제공해 주는 것이 무엇보다 중요하다. ESGG가 전 세계 학교에 도입되어 지구시민을 육성하는 데 좋은 도구가 되기를 희망한다.

아무쪼록 ESGG가 지구공동체를 건설하는 데 조금이나마 기여할 수 있기를 희망하며 앞으로 더 많은 전문가들이 보다 실질적인 방법을 제안하여 하루 빨리 인류가 새로운 세상으로 나아갈 수 있기를 기대해 본다.

02
ESGG Framework의 필요성

ESGG(Ethical Sustainable Global Good)는 현재 인류에게 닥친 기후위기와 지구적 문제에 대한 새로운 관점과 해결책을 제시하는 프레임워크로, 지구적 윤리관(Ethical)에 따라 지속가능한(Sustainable) 발전 방안을 강구하여 지구적 선(Global Good)을 추구하자는 것이다. ESGG는 개인이나 기업, 조직 등이 이러한 목표 달성을 위한 필수적인 도구가 될 수 있으며, 이것을 사용해야 하는 이유를 다음 몇 가지로 정리할 수 있다.

첫째, '기후희망자'(Climate Activists)를 육성하기 위해 필요하다.
현재의 기후위기 상황으로 인해 '기후낙담자'(Climate Despairers)가 빠르게 증가하고 있다. 이와 같은 '기후낙담자'의 증가는 경제적으로 소비와 투자를 위축시키고, 사회적 불안을 증폭하여 기존 경제시스템에 매우 부정적인 영향을 미치게 될 것이다. 다시 말해 기후재앙으로 인한 물리적 피해도 엄청나지만 '기후낙담자'들의 정신적 문제로 인한 피해도 심각하게 고려해야 하는 과제다. 이를 극복하려면 기후희망자가 많아져야 한다. 기후위기를 극복할 수 있다는 낙관적인 생각과 함께 적극적으로 기후행동을 하는 기후희망자의 확산이 필요한 것이다. 그것도 매우 짧은 시간 안에 전 세계적으로 확산되어야 한다. 물리적인 기후재앙을 회피하는 것도 중요하지만 '기후낙담자'를 줄이고 기후희망자를 확산하는 것이 기후위기 극복에 있어서 매우 중요한 일이라고 생각되며, ESGG가 기후희망자의 확산과 육성에 활용되기를 기대하는 것이다.

둘째, 지구적 윤리관을 형성하는 데 필요하다.

기후위기는 전 지구적 문제이며 모든 인류가 다 함께 대처해야 하는 문제임에도 불구하고 지구적 대처는 매우 부족한 상황이다. 이는 인류가 아직까지 지구적 윤리관을 만들지 못했기 때문이다. 애국을 내세워 치르는 전쟁이나 자연을 파괴하는 발전 같은 것도 지구적으로는 반윤리적인 일이다. 지구적 윤리관이 형성되지 않았기에 이같은 일이 서슴없이 자행되고 있는 것이다. 그러므로 시급하게 지구적 윤리관이 정립되어야 한다. 이것을 실행하기 위해 ESGG가 사용될 수 있을 것이다.

기후희망자들의 지구사랑 가치관이 반영된 ESGG 선언문(GG Vow)을 통해 지속가능한 발전 방안들이 만들어지면 그 중에 실효성이 높은 방법을 널리 확산하여 많은 사람들이 활용하도록 해야 한다. 이렇게 다양한 실적이 평가되고 결과를 축적하게 되면 지구적 윤리관을 형성할 수 있을 것이다. 이러한 지구적 윤리규범은 인간은 물론이고 인공지능과 같은 기계들에게도 규범으로 사용해야 한다. 최근에 인공지능이 윤리적으로 문제가 되면 인간사회에 위협이 될 수 있다는 우려 때문에 인공지능개발자들이 모든 개발을 한시적으로 멈추자고 제안했던 것도 지구적 윤리관 부재에 따른 문제를 지적한 것이었다.

셋째, 지속가능한 사회를 만들기 위해 필요하다.

지속가능한 사회가 되기 위해서는 개인은 물론이고 기업, 조직 등 다양한 구성체가 지속가능한 바디(GG Body)로 전환되어야 한다. 모든 구성체가 GG 바디로 이루어진다면 더 큰 구성체 역시도 GG 바디가 될 수 있을 것이다.

ESGG라는 동일한 프레임워크를 적용하여 자신은 물론이고 자신이 속한 기업이나 조직을 GG 바디로 재구축하는 것은 궁극적으로 지속가능한 지구공동체를 만드는 기본적인 행위가 될 수 있다. 지금까지 욕망을 바탕으로 작동되던 삶의 방식을 ESGG로 전환하면 기존 방식의 일부가 변화되거나 억제될 수 있다. 그리고 기존 사회시스템과의 갈등이 유발될 수도 있다. 그럼에도 불구하고 이러한 바디들이 유지되어 더 큰 바디를 구축하도록 노력해야 한다. 그렇게 해야 지구공동체가 만들어질 수 있다.

넷째, 지구공동체를 위해 필요하다.

지구공동체란 국가, 인종, 종교, 문화 등의 차이를 넘어 인류가 마치 하나의 유기체와 같은 공동체를 이루는 것을 의미한다. 이러한 지구공동체는 지구적 선(Global Good), 즉 모든 생명체의 존엄과 행복을 추구해야 한다. 그런데 모든 국가가 다 함께 힘을 합쳐야 가능한 기후위기를 성공적으로 극복한다는 의미는 문명적으로 한 단계 도약했다는 뜻이다. 그것은 바로 인류가 하나의 운명공동체임을 받아들이고 새로운 지구공동체를 만들 수 있는 가능성을 열었다는 의미가 된다. 이렇게 지구공동체를 만들 수 있다는 것이 인류의 마지막 희망일 수 있다.

ESGG는 어려운 개념은 아니며 ESGG 서약문(GG Vow)을 작성하는 것도 쉽게 할 수 있을 것이다. 하지만 과도한 욕망에 빠져 살아온 우리가 그것을 이해하고 실천하는 것은 매우 어려운 일이다. 기존의 경제사회 시스템과의 갈등요소가 많아 이를 구현하기가 쉽지 않을 수 있다. GG 바디로의 개혁 또한 만만치 않을 것이며, 지구적 선(GG; Global Good)을 추구하는 것은 더욱 생소할 수 있을 것이다. 그럼에도 불구하고 이것을 실천하지 않으면 우리에게 미래를 기약할 수 없기에 과감하게 도전해야 한다.

ESGG는 우선적으로 기후낙담자가 될 가능성이 높은 청소년들의 진로설계에 적용되어야 한다. 이들을 기후희망자로 전환하는 것이 무엇보다 중요하다. 모든 가정과 학교에서 부모와 함께 기후희망자가 될 수 있는 진로설계가 이루어지도록 해야 한다. 그리고 기업이나 조직들도 ESGG를 실천하는 가운데 보다 명확한 비전 설정을 ESGG로 하면 좋을 것이다. 이렇게 ESGG를 실천하는 기후희망자가 많아지면 국가 정책도 변화될 수 있다.

03
ESGG Framework 실행방안

ESGG 프레임워크를 실천하는 방법은 그다지 어렵지 않다. 아래의 순서에 따라 자신들의 진로설계나 비전 수립 등을 하면 된다. 그리고 그 결과인 ESGG 선언문(GG Vow)을 공개하고 실천하면 된다. 향후 정기적으로 스스로 실적을 공개함으로써 이러한 실적이 공유되고 더 많은 사람이 참여하여 진정한 지구공동체로 나아갈 수 있도록 해야 한다.

프레임워크를 추진하는 순서를 정리해 본다면

첫째, 지구 현안에 대한 실상을 파악한다.

현재 지구가 겪고 있는 여러 가지 문제들을 명확하게 파악해야 자신들의 비전과 실행계획을 정확하게 설정할 수 있다. 인류가 지난 수백 년간 가장 잘못한 것을 다람쥐의 행동과 비교하면 매우 쉽게 이해할 수 있다. 다람쥐는 가을에 도토리를 주워 자신의 서식지 주변 땅에 묻어둔다고 한다. 그런데 묻어둔 도토리의 30% 정도만 겨울나기 먹이로 사용하고 나머지는 그대로 둔다고 한다. 인간의 관점으로 보면 다람쥐가 멍청해서 다 찾아 먹지 못한다고 할 수 있다. 하지만 다람쥐가 남겨둔 70%의 도토리는 참나무가 되어 다람쥐 서식지를 유지하는데 사용된다. 자연의 관점으로 보면 다람쥐는 자신의 서식지는 물론이고 다른 생물종의 서식지를 유지한다. 70%의 수확물을 자연으로 되돌리는 지혜를 가진 스마트한 생명체인 것이다. 이에 비하면 인간은 후세들이 사용할 것까지도 마구 파헤쳐 환경을 파괴하고 결국 자신들의 서식지까지 파괴하는 멍청한 짓을 하고 있는 것이다.

우리가 ESGG를 실천하기 위해 가장 먼저 가져야 할 가치관은 바로 다람쥐가 남겨 둔 도토리가 멍청한 짓인지 아니면 현명한 짓인지를 깨닫는 것이다. 인간이 다람쥐로부터 이러한 자연의 이치와 순환을 배우고 깨닫는다면 ESGG를 실천하는 것은 매우 쉬운 일이 될 수도 있다. 이 밖에도 지구가 당면한 문제를 소상히 파악하는 것이 중요하며 이러한 상황인식 하에서 자신들의 진로설계가 이루어지도록 하는 것이 ESGG다. 특히 청소년들의 ESGG 워크샵은 보호자들이 함께 참여하여 부모세대의 꿈을 청소년들에게 강요하지 않도록 해야 한다. 왜냐하면 부모세대의 미래와 지금 청소년들의 미래가 전혀 다른 상황이기 때문이다.

둘째, 지속가능한 발전 방안을 개발하고 적용한다.
지구의 실상을 소상하게 파악하고 난 후에 어떤 일을 통해 지구적 선을 추구할지를 검토하고 이를 ESGG 선언문에 담아 공개한다. 그리고 ESGG 선언문에 대한 활동 지표와 데이터는 시스템화 하여 빅데이터와

인공지능을 융합한 고도화된 평가와 관리를 통해 활용될 수 있도록 해야 한다.

지속가능한 발전을 위해 우선적으로 지속가능한 바디를 구성한다. (Zero Basic) 모든 바디는 자연으로부터 에너지를 얻고 쓰레기를 배출하지 않은 순환적 구조를 고려해야 한다. 에너지는 물론이고, 식량도 가급적 자급할 수 있도록 고려한다. 이 세상의 유일하게 쓰레기를 배출하여 환경을 파괴하는 생물종이 인간임을 인식해야 한다.

두 번째로는 인류 문명이 만든 것 중에 지속가능한 것만 선택하여 내재화 한다. (Urban Basic) 인류가 만든 수많은 것들은 6개월 내에 90% 이상이 쓰레기가 된다고 한다. 이제 선형적 경제발전을 멈추고 순환적인 경제발전으로 전환해야 한다. 특히 디지털 전환은 매우 중요하다. 예를 들어 원격교육이나 원격의료 등이 그것이고 따라서 통신망은 아주 중요한 기반시설이 된다.

마지막으로 지구적 선을 추구하는 공동체를 구성한다. (Culture Basic) 미래 사회에서 인간은 거대한 유기체인 지구공동체의 뇌와 같은 역할을 하는 생물종 일 수 있다. 왜냐하면 이 지구상에 존재하는 생물종 중에 유일하게 언어능력과 함께 상상하고 창조하는 능력을 가진 생물종이기 때문이다. 이제 인간의 능력 중에 상상하고 창조하는 능력이 발휘되어야 하는 시대가 열리고 있다. 이런 가치는 자아실현을 통해 발현되며, 자아실현이 극대화되려면 이를 위한 공동체가 필요하다. 이제 개인은 물론이고 기업이나 조직도 이러한 세 가지 요소를 갖춘 바디가 된다면 지구적 선을 추구하는 데 효과적일 것이다.

셋째, 정책적 지원 및 커뮤니티를 통해 실천의지를 다진다.

ESGG를 실천하는 것이 결코 쉬운 일은 아니다. 따라서 활동상황을 지속적으로 알리고 이를 격려하는 정책적 배려가 필요하다. 또한 비전을 공유하는 공동체가 함께 실천하는 것도 중요하다. 따라서 공동체는 물론이고 국가나 국제기구 등을 통한 과감한 지원정책이 뒷받침되어야 한다.

안타깝게도 인류가 기후위기를 극복할 수 있는 시간이 불과 10년 정도라고 한다면 매우 빠른 속도로 기후희망자가 확산되어야 한다. 각국 정부가 교육기관을 통해 ESGG를 활용한 진로설계를 확대해야 하며, UN이 주도적으로 SGDs를 실천하는 과정에서 ESGG가 활용되기를 희망한다. 기후위기를 극복하기 위한 국제기금 중에서 ESGG 캠페인에 좀 더 많은 예산을 할당하여 전 세계 청소년부터 기후희망자가 되도록 도와주었으면 좋겠다. 퇴로가 없는 상황에서 기후희망자가 되는 것이 개인은 물론이고 기업이나 조직, 그리고 우리 모두가 살 길이라고 생각되기 때문이다. 아무쪼록 이러한 ESGG 캠페인 확산에 UN이 주도적인 역할을 해 줄 것을 기대한다.

CHAPTER 01

자연이 바라보는
인간

01
천재 다람쥐의 교훈

산에 가보면 심지 않았지만 가장 많이 자라고 있는 나무가 바로 참나무다. 산에 참나무가 많은 이유의 주인공은 바로 다람쥐이다. 다람쥐는 겨울을 나기 위해 도토리를 주워 자기 주변에 잘 숨겨 놓는다고 한다. 한 열 군데 정도 땅을 파서 도토리를 묻어놓으면 이 중에 30% 정도만 파먹고 나머지는 그냥 땅에 잘 묻어 둔 채 봄에 다시 참나무가 되도록 한다는 것이다. 그것이 바로 심지도 않은 참나무가 우리 산에 빽빽한 이유라고 한다.

사람들은 흔히 다람쥐가 영리하지 못해서 도토리를 저장한 장소를 까먹어 그렇게 되었다고 말한다. 하지만 다람쥐가 생태계의 순환을 고려하여 70%의 도토리를 참나무가 되도록 만든 것일 수 있다. 자신의 수확 중 70%를 지구생태계에 되돌려 줌으로써 지구적 선(Global Good)을 실천하는 생물종이었던 것이다. 이런 생각을 하고 나니 다람쥐가 인간보다 훨씬 나아 보였다. 책 출간을 위해 공저자들과 매주 토요일 오전에 회의를 진행하는 과정에서 우리 모두는 다람쥐가 지구 생태계를 위해 Global

Good을 실천하고 있음에 주목하고 'GG다람쥐'라는 별명을 붙여주기로 했다. 다람쥐가 기억력이 좋지 않아서가 아니라 지구생태계의 일원으로서 그 역할에 충실한 점에 주목한 것이다.

그 이후 공저자인 김일동 작가는 다른 동물들의 Global Good 사례를 조사했는데 여러 생물종들의 사례를 발견하면서 지구상에 존재하는 모든 생명체는 그들의 삶 자체가 Global Good의 실천이 아닐까라는 생각에 이르렀다. 그리고 그들의 역할이 비록 하찮게 보일지라도 결코 무시할 수 없다고 생각했다. 이는 다른 생명체에 대한 중대한 관점의 전환이었다. 이 책에는 몇 가지 사례를 더 소개할 것이다.

〈 생성AI를 활용하여 그린 다람쥐 〉

지구상의 모든 생물종은 지구 생태계에 어떤 형태로든 기여하며 공존하는 것이 자연스러운 것일 수 있다. 사실 수백만의 생물종이 지구에 존재한다지만 어느 것 하나 이 생태계를 교란시키는 종은 없다. 오직 인간들만이 다른 생물종과 공존하지 못하고 생태계를 교란하는 유일한 생물종처럼 보인다. 그것도 스스로를 파괴할 정도다. 마치 암세포가 숙주를 파괴하는 꼴이다.

이제 그 탐욕의 끝이 다가오고 있다. 지금처럼 기후위기가 지속된다면 아마도 22세기가 오기 전에 인류는 멸종에 이를 것으로 예상한다. 지구 역사상 5번의 대멸종이 있었지만 최상위 포식자가 스스로를 멸종에 이르게 한 경우는 이번이 유일하다. '호모사피엔스는 그들의 탐욕 때문에 스스로 자신들의 환경을 파괴하고 멸종하고 말았다.'고 역사에 기록될지 모른다. 이렇게 생태계를 파괴하면서 인간의 탐욕을 채워왔던 지난 산업화 이후의 인류는 지구상의 최상위 포식자로서 과연 무엇을 이루고자 했던 것일까? 대체 인류가 이루어 놓은 것은 무엇인가?

이대로 스스로 멸종에 이르는 것이었을까? 아니면 지구생태계에 더 나은 미래를 이끄는 최고의 생물종으로 남는 것이었을까? 그 답은 우리에게 달렸다. 그리고 그 선택의 시간은 불과 10년 정도 남았다. 멸종으로 향하든, 새로운 미래로 향하든 간에 시간이 별로 없다. 10년 안에 거대한 방향을 틀 수 있어야 한다. 그래야 미래를 기약할 수 있다. 우리는 지금 당장 행동에 나서야 한다.

하지만 오만한 포식자로 살아온 관성이 있어 이 같은 위기 상황을 도무지 받아들이기가 쉽지 않다. 우리 스스로를 우주를 창조한 절대자의 자식이라 여겼으며 지구 생태계의 모든 것은 탐욕을 위한 재료라고 생각했고 그것도 모자라 후손들이 사용할 자원까지를 마구 파헤쳐 배를 채우기에 급급했다. 게걸스러운 탐욕을 추구한 지난 수백 년 동안에 인류는 수많은 생물종들의 의미와 역할을 무시한 채 그들을 멸종에 이르게 했다.

이렇게 생물다양성이 파괴되어 그것이 결국 인간들에게 악영향을 끼친 사례는 이미 차고도 넘친다. 자신들의 파괴행위가 결국 자신들의 숨통을 끊는 행위였음을 이해하기에는 여전히 오만하다. 급기야 멸종을 걱정하는 상황이지만 그간의 탐욕을 포기하고 완전히 다른 모습으로 대 변신을 한다는 것은 그것도 10년 안에 실현하기란 단 1%의 가능성도 생각하기 어려운 일이다.

하지만 그 1%의 가능성이라도 있다면 포기하지 말자. 인류가 달성하고자 했던 것이 지구 생태계를 파괴하고 멸종에 이르는 것이 아니었음을 증명해 보자. 적어도 신이 인간을 이 지구상에 최상위 포식자로 만들었을 때는 그보다 훨씬 큰 사명을 주셨다고 믿어 보자. 그리고 그 방법을 찾아보자.

인간은 지구상의 유일한 지성적인 생물종이라 할 수 있다. 즉 생각하고 상상하고 그것을 실천에 옮길 수 있는 유일한 생물종이다. 수백만 종에 이르는 다른 대부분의 생물종은 타고난 특성으로 생태계의 이로운 영향을 제공하는 것이 그들의 존재 이유라면, 인간은 생각한대로, 상상한대로 그것을 실천하며 생태계의 변화를 줄 수 있음이 그들과 다른 점이다. 만약 그런 능력을 제대로 사용한다면, 그래서 과속 페달을 밟고 잘못된 길로 빠진 것을 깨닫고 바로 핸들을 돌려 되돌아 올 수 있는 능력도 갖추고 있다면, 그래서 지금의 과오를 반성하고 지구 생태계를 풍요로운 공존의 세상으로 만들어 낼 수 있다면 인류는 진정한 생물종의 최상위 포식자로 자리매김할 수 있지 않을까.

믿어보자. 어쩌면 지금과는 사뭇 다른 새로운 문명세계를 창조하는 리더십을 발휘할 수 있을지 모른다. 아마도 우리가 그리 되는 마지막 관문을 통과하고 있는 중일지 모른다. 1%의 가능성이라도 우리는 붙잡아야 한다. 그렇지 않고 이대로 생태계의 파괴자가 될 수는 없지 않겠는가.

02
세상을 바꾼 다섯 번째 사과

세상을 바꾼 '4개의 사과'

'우연의 일치'인 것처럼 인류의 역사적인 중요한 사건엔 항상 사과가 함께 등장했었다. 첫 번째 사과는 모두가 알고 있는 아담과 이브의 '선악과'로 신(神)이 경고한 금기의 상징이다. 인간은 부끄러움과 욕망, 탐욕을 알게 되고 에덴동산에서 추방당했으며 고통이 무엇인지 알게 되었다.

〈 세상을 바꾼 4개의 사과 〉

두 번째 사과는 '만류인력의 법칙'을 발견한 아이작 뉴턴(Isaac Newton)의 사과로 모두가 당연시 여겨 그 존재감을 몰랐던 지구의 힘, 즉 중력에 대해 알게 되었다. 세 번째 사과는 프랑스의 화가 폴세잔(Paul Cézanne)의 정물화에서 등장하는데, 과거 미술사에서 다루었던 구도에 대한 개념이 완전히 재정립되면서 새로운 입체파 사조가 등장하게 된다. 그리고 마지막 네 번째 사과는 우리의 일상을 완전히 바꿔버린 너무나도 유명한 스마트폰의 창시자 스티브 잡스(Steve Jobs)의 사과이다.

그리고 '5번째 사과'의 등장

세상을 바꾼 5번째 사과가 우리나라에서 등장하게 되었다. 바로 강원도 최북단 양구지역의 특산물로 급부상하고 있는 '양구사과'이다. 북위38도에서 재배된 이 사과는 그 당도가 16 브릭스 이상으로 특급품에 해당한다. 원래 우리나라의 사과 특산지는 경상북도 대구 지역이었다. 하지만 지금은 강원도 지역의 사과가 대신하고 있는 것을 쉽게 찾아볼 수 있다. 기후가 상승하면서 인천지역에서도 사과농사가 활기를 띄기 시작한다.

이러한 현상을 우리는 어떻게 받아들여야 할까? 그동안 사과하면 대구라고 알고 있었던 기성세대들의 관점에서 맛있는 사과를 많이 먹을 수 있다고 그저 좋아할 만한 일은 아니다.

지구 온난화가 점점 가속화되어가고 있다. 우리나라의 기후 역시 점점 열대화가 되어가고 있다. 제주도의 감귤은 이제 육지에서도 재배가 가능해졌으며 전라남도 해남지역의 바나나는 좋은 품질로 주목을 받고 있다. 우리는 이러한 과일을 먹으며 느끼는 그 달콤함 뒤로 기후 상승의

위기가 앞으로 인간에게 어떠한 재앙을 가져오게 될지를 함께 생각해야 할 시대가 다가온 것이다.

 자연과 인간이 함께 공존하며 누릴 수 있었던 신의 가호(加護)가 오만함으로 인해 사라지고 있다. 강원도의 사과재배는 2010년대에 들어서면서부터 눈에 띄게 늘어나고 있다. 지금부터라도 우리는 이 다섯 번째 사과가 주는 경고의 메시지가 앞으로 인류의 미래시대에 무엇을 의미하는지를 심사숙고해야 할 것이다.

03
인간관점의 자연

우리에게 자연은 어떤 존재인가?

'인간은 지금까지 자연을 어떻게 생각하고 있었나?' 이러한 의문에 앞서 보다 근본적인 질문은 '인간은 과연 자연에 대해서 진정으로 생각해 본 적은 있는가? 일 것이다.

18세기 산업혁명의 시작으로 대량생산과 함께 수많은 공장이 들어서고 석탄과 석유가 주 에너지원이 되면서 인류의 삶은 급속도로 발전하였다. 인간은 삶은 점점 윤택하고 편리해져 갔지만 공장 굴뚝의 검은 연기 뒤로 감춰진 탄소배출의 폐해가 앞으로 얼마나 심각해질지에 대해 인류는 알지 못했다. 당장 눈앞의 이익에만 취해 있던 무자비하고 무지한 시기였던 것이다.

이러한 인간의 무지함은 비교적 최근까지 계속되었다는 것을 알 수 있는데 그 단적인 예가 1960~70년대 사이 미국 플로리다주에서 폐타이어를 '인공암초'로 활용하자는 프로젝트이다. 당시 폐타이어를 재활용하는 것은 경제적으로 매우 부담이 컸는데 이러한 타이어를 나일론이나 강철스트랩으로 엮어 바다에 던져 생태계 유지를 위한 인공산호초를 만들자는 계획이었다. 지금이야 이러한 행동은 아주 어처구니가 없는 것으로 여겨지지만 당시 어민들과 수백 만 명??의 자원봉사자들이 모두 참여한 가운데 200만개가 넘는 타이어를 바다 속에 넣었으며 계속되는 호응으로 뉴욕과 캘리포니아, 호주로 이 프로젝트는 확산되었다.

그렇다면 바다 속에 자리 잡은 인공 산호초들은 그 당시 사람들의 생각처럼 생태계 활성화에 역할을 했나? 결론부터 이야기하자면 이로 인해 수많은 물고기가 죽거나 기형이 되어 버리고 어떤 타이어는 조류(潮流)에 휩쓸려 더 깊은 바다로 끌려들어갔다. 마모된 폐타이어에서는 지금도 미세플라스틱이 방출되고 있으며, 유독성 물질인 6PPD[1] 도 검출되고 있다. 타이어를 연결한 스트랩들은 지금도 부식되고 있다.

뒤늦게 이 사실을 인지한 플로리다주는 2007년부터 타이어 수거 작업에 들어갔지만 예산과 기상조건 등 여러 가지 문제로 아직도 처리하지 못한 폐타이어가 50만개가 넘는다고 한다.

이는 그리 오래되지 않은 최근의 일이며 수습을 시작한 시기 역시 인터넷이 상용화된 시점보다 한참이 지나서다. 이로써 '인간은 과연 진정으

---

1 6PPD : 자동차가 아스팔트와 마찰될때 손상이 덜하도록 도와주는 화학물질, 은연어들의 주 폐사요인이 됨, 공기속 오존과 반응하면 퀴논(Quinone)이라는 화학 물질로 변함

로 자연을 생각해 본적은 있기나 한가?' 에 대해 자각할 수 있는 답변이
되었을 것이다.

인간위주의 사고방식

오스트리아 태생 미국의 물리학자 프리초프 카프라(1939~)는 "언어가
발달하게 되면서 인간은 의사표현을 통한 협업, 기록, 다양한 예술, 추상적 표
현 등을 통해 문명을 발달시켰다. 하지만 이로 인해 인간들 간의 소통만으로
그 범위가 좁혀져 자연과의 소통을 단절시키는 계기가 되었다"고 주장했다.

이러한 의미에 빗대어 가만히 생각해 본다면 인간들 사이에서도 이권이
일치하고 대화가 통하는 자들끼리 모이게 되면 서로의 지향점이 일치하
는 것으로 공감과 소통이 일어나게 되며 내부적으로 서로 도우며 타 집
단을 배척하는 경향을 볼 수 있다. 이를 크게 확대하여 인간 대 자연관
점 역시 인간들만의 공감과 소통으로 인간우월합리화, 자연왜소화, 지배
당연화를 하며 인간을 우선으로 생각하는 경향이 발생하는 것을 알 수
있을 것이다.

수백만 년 동안 자연은 인간에게 혜택을 주어왔다. 이는 인간들끼리 대
화를 통해 어느덧 그것을 권리인 듯 망각한 것은 아닌지에 대해 생각하
게 만든다. 우리는 인간과 자연이 어떻게 공생하고 있는지, 왜 서로 도와
야 하는지를 알아야 할 것이다. 눈앞에 보이는 거대한 폐타이어 더미를
그저 바다 속에 감추는 것으로 환경이 깨끗해질 수 있을 거라는 단편적

인 사고에서는 인간들끼리의 대화와 합의만 보일뿐 자연과 대화를 시도하려고 한 흔적은 결코 찾아볼 수 없다.

이제서야 환경단체, 학자들이 위험을 알리는 목소리를 내기 시작한다. 이대로 간다면 머지않은 미래에 지구온난화는 피할 수 없는 문제가 될 것이라고, 그리고 이와 함께 인간이 당면하게 될 고통과 폐혜에 대해서도 함께 언급한다. 이 역시도 인간이 얼마나 불편해질 수 있는가에 대한 인간관점의 목소리 인 것이다. 이제부터라도 우리는 이것을 넘어 진정으로 자연이 무엇을 말하고 있는지 자연의 소리를 들어야 할 것이다.

탐욕의 피라미드

생태계의 모습을 표현한 먹이피라미드의 모습에서도 인간들만의 공감과 소통이 자연을 어떻게 바라보고 있는지의 단면을 엿볼 수가 있다. 피라미드의 가장 최상위층, 최고 포식자 육식동물의 존재는 한 눈에 봐도 가장 강력한 힘을 지닌 개체가 모든 것을 지배하고 있다는 구조를 알 수 있다. 그리고 이 피라미드에는 그려져 있지 않지만 이러한 서열 구조의 형상을 따라 자연스럽게 연상 추론 해 보는 것으로 최상위층을 넘어선 곳에 당연히 인간이 존재할 것이라는 생각 은 누구나 가질법한 공감이다.

〈 인간이 정의한 먹이사슬 〉

이러한 사실에 우리는 의문점을 제시하거나 한번이라도 의심해 본적은 있는가? 사실 자연을 좀 더 깊게 들여다보면 인간이 생각하는 잔혹한 적자생존의 구조와는 차이가 난다는 것을 발견할 수가 있다. 인간은 자신의 권력과 부를 축적하는 것에 그 탐욕이 끝이 없다. 자기가 살아가는 동안 필요한 것 이상의 것들을 계속해서 축적을 하고, 심지어는 바로 아랫 단계의 약자가 아닌 최하위 약자까지 건드리며 모든 것을 쟁취하려는 모습 또한 볼 수가 있다. 과연 얼마나 더 가져야 만족할 수 있을지?

반면 생태계의 최고 포식자인 사자는 자신보다 몇 단계 아래인 개구리와 같은 작은 동물들은 잡아먹지 않는다. 그들이 사냥하는 것은 자신들보다 개체수가 훨씬 많은 사슴과 얼룩말 같은 종을 필요한 순간에 필요한 만큼만 취한다. 그래서 때로는 이들 역시 굶어죽는 경우도 발생하며 이렇게 죽은 사자의 시체는 작은 동물들의 먹이가 되기도 한다. 이 모든 것은 자연스러운 일이며 죽음 역시 자연의 섭리도 받아들이는 것처럼 보인다.

인간은 강자지배의 구조가 경쟁에 있어 필연적으로 일어나는 현상이라 생각하며 이러한 관점으로 자연의 생태계를 바라보기에 겉으로 보이는 먹이피라미드의 단면만을 볼 수밖에 없게 된다. 인간만이 가지고 있는 이러한 탐욕의 모습은 자연에게는 없다. 생존을 위해 강자가 약자를 취해야 하는 관계가 어쩔 수 없는 불가피한 현상이며 선을 넘지 않는 범위에서 자신의 삶의 영역을 확보하고 살아가는 것이다.

자연의 세계에서는 서로를 소통하기 위한 '언어'는 없다. 하지만, 그들은 필요한 만큼만 취하고 소멸을 겸허하게 받아들이는 인간을 넘어선 공존에 대한 '공감'이 존재하고 있는 것이다.

04
자연관점의 인간

말없이 책임을 다하는 자연

인간을 비롯해 육지동물들이 살아가는 것에 반드시 필요한 것이 바로 공기 중에 포함되어 있는 요오드(Iodine)이다. 그런데 비가 내려오게 되면 이러한 요오드가 모두 녹아 강물을 통해서 바다로 흘러 들어가 버리면 육지의 모든 동물들의 생존은 불가능해 진다. 그렇다면 요오드는 어떻게 해서 다시 공기 중으로 유입 될 수 있는 것일까?

그것은 바로 바다 속에 존재하는 다시마류와 같은 해조류가 자신의 임무를 다하고 있기 때문이다. 해조류의 잎은 흡수한 요오드를 요오드화메틸로 변화시켜 수면 위로 떠오르게 하는데 바람이 불면서 육지를 향하게 된다고 한다. 사실 해조류는 국내에서는 식용으로 쓰여지고 있으나 서양에서는 바다 속의 잡초 따위로 불필요하게 취급되어 지고 있다. 하지만 알고 보면 자연은 이처럼 모든 생물들이 공존 가능하도록 서로 돕고 있는 것이다.

이밖에도 우리가 직접적으로 잘 알지는 못하지만 모든 미생물과 동, 식물들은 지금 이 순간에도 어디선가 자신만의 임무를 다하고 있다. 사실 인간의 몸속에도 약 10만조개의 박테리아 세포가 살고 있으며 이러한 미생물의 역할이 있기에 인간은 면역성을 가지며 생존할 수 있게 되는 것이다. 단편적인 관점에서 볼 때 인간이 우주에서 생존하려면 공기와 물 정도 있으면 가능할 것으로 생각하지만 지구에 포함된 모든 미생물의 보이지 않는 활동이 없다면 인간의 몸은 제 역할을 못하게 되어 생존이 불가능 하다고 한다.

자연은 인간에게 대가를 묻지 않는다. 모든 생명이 유지될 수 있도록 자신만의 책임을 다하고 있다. 우리는 자연이 공존하려는 이러한 노력의 혜택을 누리고 있는 존재임을 항상 기억해야 할 것이다.

자연이 쓴 억울한 누명

사실 자연관점에서 해충(害蟲)은 없다. 인간들이 작물의 대량 경작을 위해 해를 입히는 벌레들을 해충이라 간주한 것이다. 살충제 살포가 원인이 되어 이러한 벌레들을 모이로 하는 새들까지 함께 병들어 사라지게 되었으며 살충제로 오염된 물속에서 자라는 물고기들은 그곳을 떠났고 주변의 나무들까지 죽게 되었다.

높은 생산성을 위해 특종 단일 작물 하나를 방대하게 넓은 땅에 심어 대량으로 자라나게 한 것이 면역성을 떨어뜨려 결국 농작물에 해를 입히는 벌레들의 수를 늘어나게 한 것이다.

모든 자연은 서로의 공존을 위해 균형을 유지하며 연결되어 있다. 여기에 개입한 인간의 배타적 이익이 해충의 개념을 규정짓게 한 것으로 사실 자연에는 균형을 유지하기 위한 모든 생물의 역할만 있을 뿐이다. 하지만 인간은 계속해서 그 균형을 깨뜨려 버리는데, 한때 우리나라에서 문제가 되었던 황소개구리 사례도 마찬가지이다. 식용으로 농가의 수익을 올리기 위해 수입한 황소개구리에 대한 반응이 기대에 못 미치게 되자 숲으로 버려지면서 생태계에 교란이 일어나게 된 것이다. 이밖에도 가시박, 배스, 붉은귀거북, 중국밭꽃매미 등 역시 눈앞에 보이는 인간이 이익을 추구하는 과정에서 일어난 같은 사례이다.

자연관점에서 볼 때 이러한 인간의 모습은 어떻게 비춰질까? 생태계에 균형을 유지하고 있는 어떤 벌레를 해충이라 규정짓기 이전에 바라봐야 할 더 중요한 것이 무엇인지 그 생각이 우선시 되어야 할 것이다.

자연은 쓰레기를 만들지 않는다

바다 한 가운데는 전 세계에서 모인 플라스틱 더미들이 모여 거대한 섬을 이룬다. 완전히 분해되기까지 앞으로 수백 년은 더 걸리기에 이 처럼 흉측한 모습으로 모든 해양생물들의 생명을 위협할 것이다.

반면 자연은 쓰레기를 만들지 않는다. 어느 한 종이 만든 폐기물은 다른 종의 먹이가 되며 생물들로 이루어진 공동체는 지구의 역사만큼 계속해서 완벽한 재활용을 거듭하게 되는 것이다. 생태계의 물질들은 사라지는 것이 아닌 순환하며 에너지는 유입되고 흩어짐을 반복하게 하는 역할을 한다. 하지만 인간은 자원을 활용하는 과정에서 편취를 일삼고 순환을 무시하며 당장의 편리함만을 생각했기에 지금의 쓰레기 문제를 앓고 있게 된 것이다.

태평양 한가운데에 거대한 쓰레기 섬, 대한민국영토의 16배(경기평택항만공사 자료)

CHAPTER 02

인류에게 남은 시간 10년

01
물 건너 간 1.5℃

우리는 이미 수십 년 전부터 기후위기의 심각성에 대해 인지해 오기 시작했다. 인류는 환경 문제와 함께 살아왔고, 그 변화의 심각성을 점차 이해하게 되었다. 그러나 이러한 인식이 현실적인 조치로 이어지기까지는 상당한 시간이 걸렸다. 기후변화에 대한 국제적인 대응 노력은 1992년 5월 브라질 리우데자네이루에서 개최된 INC(국제환경과학자) 회의에서 유엔 기본 협약인 UNFCCC(기후변화협약)가 채택된 이후로 본격적으로 활성화 되었다. UNFCCC는 기후변화에 대한 국제적인 틀을 마련하고, 다양한 국가 간의 협력을 촉진하는 역할을 한다.

이 협약은 산업화 이전 시기와 비교하여 온도 상승을 억제하고 인간이 만들어내는 기후변화의 부정적인 영향을 최소화하기 위한 방향을 제시해 오고 있다. 그리고 2015년 파리에서 개최된 COP21에서는 195개국 당사국 모두가 구속력 있는 감축 의무를 부과하는 역사적인 국제협약이 이루어졌다. COP21에서의 협정은 전 세계적인 기후변화 대응의 첫걸음으로, 온도 상승을 2100년까지 산업화 이전과 대비하여 최대 2℃ 이내로 억제하고 가능하다면 1.5℃ 상승 이하로 막는 것을 목표로 하고 있다.

이를 위해 각 국가는 NDC(Nationally Determined Contribution)라고 불리는 기후대응계획을 수립하고 이를 협정당사국총회에 보고하며 실행을 점검해야 한다.

지구온난화와 기후위기에 대한 우려가 커지고 있음에도 불구하고 파리기후협약의 목표를 달성하는 것은 현재로서는 매우 어려운 일이다. 파리기후협약은 각 국가가 기후변화 대응을 위한 구체적인 목표를 설정하고 이를 이행하는 것에 초점을 맞추고 있다. 하지만 파리 협약에 따라 각 국가가 제시한 NDC목표가 100% 달성된다 해도, 2030년까지 전 세계의 온실가스 배출량은 산업화 이전 대비 약 39% 정도만 감축될 수 있을 것으로 예상한다. 실제로 이 수치는 파리기후협약에서 목표로 한 산업화 이전 대비 45%의 감축 목표에 크게 밑도는 것이 문제다.

게다가 이 예상은 195개국의 NDC가 100% 달성되었을 때를 가정한 것으로, 현실적으로 목표달성이 어렵기 때문에 이보다 더 큰 감축 미달이 예상된다. 따라서 2100년까지 목표로 한 1.5℃의 온도 상승 억제는 2030년 전후에 도달하게 되며 현 추세대로 온실가스 배출이 계속된다면 2100년까지 3~4℃ 상승할 가능성도 있다. 올해 개최될 COP28 총회에서는 이러한 상황을 고려하여 탄소감축보다는 기후 적응(Mitigation)과 회복력(Resilience), 그리고 상실(Loss)과 피해(Damage)에 대한 논의가 더 중요한 의제로 다루어질 예정이다.

이러한 긴박한 상황에서도 국제사회의 대응은 많은 이들을 납득시키기에 충분하지 않다. "인류는 기후지옥으로 가는 가속페달을 밟고 있다"는 UN 사무총장 쿠테후스의 경고를 고려할 때, 이를 멈추기 위한 우리의 노력은 더욱 강화되어야 한다. 기후위기는 전 인류가 함께 대응해야 하는 우주전쟁과 같은 느낌으로 다루어져야 할 중요하고 긴급한 사안이다. 전 세계적으로 특급 경보를 내리고 비상대책을 신속하게 추진해야 한다. 그러나 국제사회의 대응책에는 이러한 긴급성이 충분히 반영되지 않았고 특히 문제해결을 위한 근본적인 원인 파악과 방향설정에 대해서도 국제사회의 합의와 실행이 매우 부족한 상황이다. 그러다 보니 기후위기의 해결을 위한 실질적인 대응이 이뤄지지 않는다고 느끼는 사람들이 늘어나고, 한편에서는 기후위기 음모론도 계속 제기되는 상황이다.

〈 생성AI를 활용해 '기후위기 대응에 실패한 지구'를 그린 그림 〉

어쨌든 기후위기 현상은 이례적으로 빠른 속도로 진행되고 있으며 우리는 그 결과를 눈앞에서 목격하고 있다. 이러한 변화는 우리의 삶과 환경을 위협하고 있다. 예를 들면 지구 온도 상승을 1.5℃로 **억제하지 못**하면 2100년쯤에는 해수면이 약 1m 정도 상승하게 되고 뉴욕시와 같은 해안 도시들은 심각한 침수 위험에 직면하게 된다. 이에 대한 해안 도시들의 대비책은 해수면 상승 속도에 비해 현실적으로 부족하다. 최근에 정부 정책에 기후위기 시나리오가 반영되어 있지 않았다는 것을 감사원이 지적한 것은 늦은 감이 없지 않지만 중요한 지적이었다. 아마도 경제적 이유나 무관심 등으로 이렇게 기후위기에 대한 대처가 미흡한 사례는 전 세계적으로 쉽게 찾아볼 수 있을 것이다. 결국은 해수면 상승으로 인한 큰 피해를 당할 수밖에 없을 것이고 이것은 지역 경제 등에 직접적인 피해를 가하는 것은 물론이고 사회불안, 기후난민 문제, 농경지 파괴와 경작지 이동은 식량위기 및 식량 생산과 물류에 영향을 미치게 되는 등 감당하기 어려운 고난과 악재들이 우후죽순 발생할 가능성이 크다.

이미 우리는 역사 이래 보기 드문 심각한 기후재앙을 경험하고 있다. 그 중 몇 가지를 언급하면, 2022년 발생한 홍수로 파키스탄의 국토 1/3이 침수되었고 수많은 이재민 발생하여 삶의 터전을 잃었다. 2023년 그리스에서는 대형 산불 뒤 단 하루 만에 1년 동안 내릴 비(600~800mm)가 쏟아지기도 했다. 캐나다에서도 2023년 5월부터 시작된 대규모 산불로 이미 대한민국 국토만큼의 면적이 잿더미로 변해버렸음에도 불구하고 9월 말 현재 여전히 진행 중이다. 2023년 9월 발생한 홍수로 리비아에서는 어느 날 아침 도시가 사라지는 일이 발생했다. 하와이에서도 산불로 한 도시가 완전히 타버리는 일도 발생하였다. 최근 미국 네바다주 사막지역에서 엄청난 폭우가 내려 '버닝맨' 축제 참가자 7만 명이 고립되기도 했다.

이러한 일련의 사건을 통해 알 수 있듯이 기후재앙으로 인한 피해는 아시아, 아프리카, 태평양, 미주 등 전 세계적으로 나타나고 있다. 이런 재앙적인 사건으로 인해 많은 인명과 재산 피해가 발생하였으며, 그 고통과 비극은 상상조차하기 어렵다. 이러한 기후재앙의 발생 빈도와 강도가 시간이 지날수록 점점 강화되고 확대될 것임에도 불구하고 인류는 이에 적극적으로 대비하지 않았고 현재도 매우 미온적으로 대처하고 있다는 점에 매우 놀라지 않을 수 없다.

〈 생성AI를 활용해 '기후위기 대응에 실패한 지구' 를 그린 그림 〉

상기했듯이 기후위기는 오래전부터 수많은 과학자들이 경고해 왔으며, 이러한 상황이 현실적으로 여러 현상을 통해 증명되고 있음에도 불구하고, 우리의 일상은 의외로 평온한 듯하다. 대부분 사람들은 이 같은 미래를 바라볼 겨를이 없는 것 같다. 우선 눈앞에 닥친 현실적인 **문제해결**에 급급한 나머지 기후위기를 자신과 무관한 먼 나라 이야기 또는 중장기 문제로 인식하는 것 같다. 다시 말해서 기후위기가 우리 앞에 닥친 대재앙의 전조현상임을 인식하는 사람은 많지 않은 것이다. 하지만 분명한 사실은 기후위기는 인류가 아직 한 번도 경험하지 못한 엄청난 규모로 인류를 멸종으로 내몰고 있으며, 우리가 이런 상황에 미리 대비해야 하는 골든타임을 놓치고 있다는 점이다. 그리고 이러한 사실은 이미 국제사회가 인정하고 있지만 우리 일상은 여전히 기후위기와 무관한 듯 보이는 점이 놀라운 것이다.

기후변화는 다양한 개별적인 사건들이 시간과 지역을 넘나들며 진행되고 영향력을 키워나간다. 따라서 기후변화 문제는 마치 퍼즐을 맞추듯이 개별 사건들을 연계해서 통합적인 시각에서 분석하고 해결책을 찾아야 한다. 이를 위해 우리는 주변에서 벌어지는 자연재난과 환경 변화를 가능한 한 넓은 시각으로 바라보고 과감한 해결책을 모색해야 한다.

알고 있었지만

IPCC(기후변화에 관한 정부 간 협의체, Intergovernmental Panel on Climate Change)는 기후변화에 관한 광범위한 정보를 수집, 평가하고 이를 공식적으로 발표하는 과학적 국제기구이다.

02
알고 있었지만

I PCC(기후변화에 관한 정부 간 협의체, Intergovernmental Panel on
Climate Change)는 기후변화에 관한 광범위한 정보를 수집, 평가하
고 이를 공식적으로 발표하는 과학적 국제기구이다.

〈 IPCC LOGO 〉

IPCC는 동서 냉전을 종식시키며 세계 화합의 장이 되었던 서울올림픽
이 개최된 1988년 탄생했다. 기후변화와 그 영향에 대한 과학적인 이해
제고를 위해 세계기상기구(WMO)와 유엔환경계획(UNEP)이 공동으로
설립하였다. IPCC의 본부는 스위스 제네바에 있고, 총회(Plenary), 의
장단(Bureau), 집행위원회(Executive Committee)로 구성되고, 사무국
(Secretariat)이 지원하고 있으며 195개 회원국으로 구성된다. 회원국 대

표들은 총회를 연 2~3회 개최하여 의사결정을 한다.

실무그룹(WG)별로 작성된 평가보고서(AR, Assessment Report)는 전문가와 회원국 검토 후, 총회에서 회원국 합의에 의해 최종 승인되는데, IPCC 실무그룹별 역할을 보면, 실무그룹 I은 기후변화의 과학적 근거에 대해, 실무그룹 II는 기후변화의 영향, 적응 및 취약성에 대해, 그리고 실무그룹 III은 기후변화 완화를 위한 보고서를 작성한다.

평가보고서의 참여저자는 총괄주저자, 주저자, 검토편집자, 기여저자, 전문가 검토자로 구성된다. 1990년 처음 IPCC 평가보고서가 발간된 이후, 5~7년의 간격을 두고 2023년까지 6차례의 평가보고서가 발간되었다. 제5차 평가보고서의 경우 80개 이상의 국가에서 800명 이상의 과학자가 저자로 선정되었고, 1,000여 명의 기여저자, 1,000여 명의 전문가 검토자가 참가했으며, 3만 편 이상의 과학논문을 평가하여 만들어진 가장 종합적인 평가보고서로 인정받고 있다. 그리고 "IPCC 제6차 평가보고서 (AR6: The Sixth Assessment Report) 종합보고서"는 2023년 3월 13일부터 19일까지 스위스 소재 인터라켄에서 195개국 650여 명 대표단이 참가했던 IPCC 제58차 총회에서 만장일치로 승인되었다.

통합적인 단기 기후 행동의 시급성을 강조한 IPCC 제6차 평가보고서는 제6차 평가주기(2015~2023년) 동안 발간된 3개 특별보고서와 3개 평가보고서의 핵심 내용을 통합적 관점에서 서술하였다. 따라서 이 보고서는 기후변화의 과학적 근거, 영향 및 적응, 완화에 대한 종합적인 정보를 제공하고 있다.

1988년 설립된 IPCC가 6차에 걸쳐 발간한 평가보고서의 핵심내용을 통해 30여 년간 우리가 인지해 온 기후변화에 대한 발자취에 대해 살펴보자.

먼저 1990년도에 발간된 제1차 평가보고서는 "기후변화의 주요 원인은 인간의 활동, 특히 화석 연료의 연소와 삼림 벌채라고 강조하였고, 글로벌 온도가 계속 상승할 것이며, 이로 인해 해수면 상승, 기후 패턴의 변화 등이 예상된다"고 밝혔다. 1차 평가보고서가 완료된 후 1992년 UN기후변화협약(UNFCCC)이 채택되었다.

〈 IPCC 1차 평가보고서, 1990 〉

〈 UN기후변화협약, 1992 〉

5년 뒤인 1995년에 발간된 제2차 평가보고서는 인간 활동이 기후변화에 '의심할 여지없이' 기여하고 있음을 확인했다. 특히 "온실가스 배출이 급속히 증가하고 있으며, 그로 인해 지구의 온도가 상승하고 있다는 사실을 강조"하였다. 그 후 1997년 지구의 온실가스 감축을 위해 좀 더 강력한 행동이 필요함에 동의하며 38개 선진국은 의무적으로 온실가스 감축 목표를 의무적으로 정하도록 하는 교토의정서를 채택하였다.

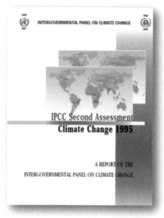

〈 IPCC 2차 평가보고서, 1995 〉

〈 교토의정서, 1997 〉

제3차 평가보고서는 6년 뒤인 2001년에 발간되었다. "지난 50년 동안의 온도 상승은 주로 인간의 활동에 의한 것이라는 주장을 강화하였으며 글로벌 온도 상승의 속도와 규모가 앞으로 더욱 증가할 것으로 예상되며, 이로 인한 해수면 상승과 기후 패턴의 변화를 상세히 설명"하였다. 2007년 발간된 제 4차 평가보고서는 "기후변화의 원인과 영향, 그리고 대응 방안에 대해 더욱 구체적이고 상세하게 논의하고 지구 온난화를 방지하기 위해 온실가스 배출을 줄이는 방법에 대한 국제적 협력의 중요성을 강조"하였다. 4차 평가보고서를 완성한 2007년 IPCC는 20년 이상 기후변화에 대한 과학 평가보고서를 발간해 오면서 인간 활동과 지구 온난화 사이의 연관성에 대한 인식을 제고하고 광범위한 컨센서스를 형성하는 데 기여한 공로로 미국 엘고어 전 부통령과 함께 공동으로 노벨평화상을 수상하였다.

〈 IPCC 3차 평가보고서, 2001 〉

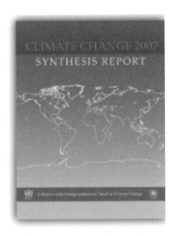

〈 IPCC 4차 평가보고서, 2007 〉

    2014년에 발간된 제5차 평가보고서는 "인간 활동이 기후변화의 주요 원인임을 더욱 확실하게 밝혔고 기후변화의 다양한 영향, 위험, 그리고 대응 방안에 대해 상세히 분석"하였다. 5차 평가보고서가 채택된 후 IPCC의 195개 협정당사국은 모두 지구의 온도 1.5도 상승 억제를 위해 2030년까지 온실가스 37% 감축을 목표로 하는 2015년 파리기후협약을 채택하게 된다.

〈 IPCC 5차 평가보고서, 2014 〉

〈 IPCC 6차 평가보고서, 2023 〉

이로부터 9년이 지나 2023년 IPCC의 6차 평가보고서가 **채택되었다.** 이렇듯 IPCC 평가보고서는 1990년부터 33년이 지난 지금까지 한세대에 걸쳐 지속적으로 진행되고 있는 기후변화를 과학적인 근거에 기반하여 분석 및 평가하고 해결을 위한 단초를 제공해오고 있다.

그러면 우리는 어떻게 대응해 오고 있는가?

우리가 들어보았던 기후위기에 대한 오해들을 회상해보자. 기후변화에 대한 루머와 오해는 정말 다양하게 존재해왔다. 이러한 루머들은 과학적 증거와 상반되는 경우가 많으며, 때로는 공공의 혼란을 야기할 수도 있었다.

예를 들면 "기후변화는 자연적인 현상이다." 기후변화 자체는 지구의 역사 동안 자연적으로 여러 번 발생한 현상이라고 말한다. 하지만 현재의 기후변화는 인간의 활동, 특히 화석 연료의 대량 연소로 인한 온실가스 배출이 주요 원인으로 밝혀져 있다.

그렇다면 이런 표현은 들어 보았는가? "과거에도 더 뜨거운 시기가 있었다." 지구의 역사에서는 더 뜨거운 시기가 있었지만, 현재의 급격한 온도 상승은 과거와 비교했을 때 매우 빠르게 진행되고 있기 때문에 지구 생태계가 그 변화의 속도를 따라가지 못해 멸종에 이를 수 있다는 것이 문제다. 과거 특정한 사실을 일반화된 표현으로 이야기하는 현실이 매우 안타깝다.

"과학자들 사이에 기후변화에 대한 합의가 없다."라는 이야기를 들을 때면 가슴이 답답하고 참담하기까지 하다. 너무 많은 과학자가 '안 된다' '어렵다' 라고 이야기 하고 있다. 이들은 무엇을 위해 과학적으로 검증되지 않는 이야기를 대중에게 공개하고 있는지 모르겠다. 기후변화에 관한 주요 과학적 사실에 대한 국제적 합의는 이미 이루어졌으며 IPCC와 같은 권위 있는 기관들은 인간 활동이 현재의 기후변화를 주도하고 있다는 점에 대해 이미 합의를 내렸다.

"극한 기후는 기후변화의 증거가 아니다."라는 말은 더욱 황당하다. 단일의 극한 기후 현상만으로 기후변화를 주장하는 것은 옳지 않다. 그러나 기후변화에 따라 극한 기후 현상의 발생 빈도와 강도가 증가하는 경향이 뚜렷하게 관찰되고 있다.

"지구는 더 이상 따뜻해지고 있지 않다."라는 말이 겨울이 있는 지역에서 삶을 영위하고 있는 사람에게는 황당하다. 그 이유는 최근 겨울이 올 때마다 사람들이 극한의 추위와 따뜻한 겨울을 반복적으로 경험하게 된다. 때로는 인정하고 싶기도 때로는 부정하고 싶기도 하다. 그러나 명확한 사실은 극지방의 제트기류가 무너질 때 한파가 쏟아져 내려오고 이로 인해 매우 춥다. 반면 평상시의 겨울을 늘 따뜻하게 느껴진다. 따라서 지구의 온도 상승을 간헐적으로는 체감하지 못할 수는 있으나 장기적인 추세로 보면 지구는 지속적으로 따뜻해지고 있는 것이다.

"북극의 빙하가 녹아도 해수면이 오르지 않는다."라는 말도 듣는다. 북극의 해빙(바다 얼음)이 녹으면 해수면이 직접적으로 오르지는 않는다.

하지만 그린란드와 남극 대륙의 빙하가 녹으면 해수면은 명확하게 상승한다. 이로 인해 다양한 해양도시가 어려움을 겪을 것으로 보고 있다.

"CO_2는 기후에 영향을 미치지 않는다."는 황당한 소리마저 들린다. CO_2는 강력한 온실가스로, 대기 중의 농도가 높아질수록 또 다른 위협으로 항상 다가오고 있다.

지구의 역사에서는 더 뜨거운 시기가 있었지만, 현재의 급격한 온도 상승은 인류가 이런 급격한 변화에 적응하고 생존할 수 있느냐와 직결된 문제이다. 뜨거워진 지구 온도에 인간이 적응할 수 있다면 지구의 온도 상승은 심각한 문제라고 볼 수 없다. 하지만 지금의 지구온도 상승은 인간이 적응할 수 없는 수준이며 인간의 생존이 불가능해질 것이라는 점이 문제의 핵심인 것이다. 다시 말해서 온도 상승은 지구의 문제가 아니라 인간 생존에 관한 문제라는 점을 잊어서는 안 된다.

IPCC 제6차 평가보고서에 담겨 있는 기후변화에 관한 내용을 다시 한 번 살펴보자. 기후변화의 인위적 · 자연적 요인에 대해서 보고서는 "지구의 이산화탄소, 메탄 및 아산화질소의 대기 중 농도는 1750년 이래로 인간 활동의 결과로서 현저하게 증가하고 있으며, 수천 년에 걸친 빙하코어(ice core)에서 검출된 산업화 이전의 농도를 훨씬 초과하고 있다. 지구적인 이산화탄소 농도의 증가는 주로 화석연료의 사용과 토지이용의 변화에 기인하는 한편, 메탄과 아산화질소 농도 증가는 농업에 의한 배출이 주된 요인이다."라고 정의하고 있다. 다시 말해 인간의 활동이 온실가스의 증가 요인을 제공하고 있다는 것이다. 최근 기후변화의 직접 관측결과에 대해서는 "기후시스템의 온난화는 의심할 여지가 없을 정도로 명백하며, 이것은 대기와 해양의 지구 평균 온도의 상승, 눈과 얼음의 광범위한 융해, 지구평균 해수면 상승 등의 관측 자료에서 확실하다"고 설명한다.

미래 기후변화 전망을 보면 "향후 20년 동안, 0.2℃/10년 상승률로 온난화가 진행될 것으로 전망된다"고 IPCC 제6차 평가보고서는 밝히고 있다. "현재 수준 또는 그 이상으로 온실가스 배출이 지속되면 추가적인 온난화를 일으키고 21세기 동안 지구기후시스템에 다양한 변화를 초래할 것이며, 이 변화는 20세기 동안 관측된 변화보다 클 가능성이 매우 높다"고 서술하고 있다. 그리고 기후위기로 인한 여러 처참한 상황은 이미 시작되었다. 인도 히말라야 근처 지역은 더욱 잦아진 산사태와 홍수에 시달리고 있고, 리비아에는 홍수로 수많은 사상자가 나타났다. 여기저기 기록적인 폭우와 초대형 태풍의 잦은 등장은 이미 익숙한 뉴스가 되어 있다. 이제 기후위기에 대한 전문가들의 경고를 무시할 수 있는 임계점을 지나갔다고 보여진다. 우리의 삶과 생명이 위협받고 있기 때문이다. 우리는 '알고 있었지만' 외면했고 이제 그 결과에 대한 책임을 수많은 생명과 삶의 터전을 잃어가는 것으로 대신하고 있다.

03
인류의 문명이 초래한 결과

18세기 중반부터 영국에서 시작된 기술의 혁신과 새로운 제조 공정으로의 전환은 사회, 경제시스템의 큰 변화를 가져오면서 다양한 분야에서 혁명적인 발전이 이루어졌다. 이런 변화로 인해 잉여자원이 늘어나고 인구가 폭발적으로 늘어나면서 현재에 이르게 되었다.

　인간은 본성적으로 호기심이 많고 새로운 것을 추구하는 특질을 가지고 있다. 특히 새로운 것을 창조하는 능력 그리고 그것을 믿고 따르는 능력, 또한 정교한 언어능력으로 소통하며 협업하고 집단적인 힘을 창조해 내는 능력 등 다른 생물종들이 갖지 않은 독특한 특질을 가지고 있어 이런 일이 가능했을 것이다.

　이런 특성 때문에 인간은 지구생태계의 최상위 포식자로 등극하게 된다. 특히 산업화 이후 자본주의 등의 다양한 경제사회시스템은 인간의 욕망을 부추기는 정교한 시스템으로 발전하면서 교육제도나 경제시스템 등 사회 각 분야에서 욕망을 추동력으로 하는 각종 시스템이 발전을 거듭해왔다고 해도 과언이 아니다. 이러한 시스템을 따라가야 하는 현대인들은 태어나서부터 부모와 사회로부터 욕망을 채울 수 있는 재능을 확보하도록 강요받았고 또 그런 삶을 살면서 삶의 의미를 찾아가곤 했다.

학교에 들어가기 전부터 동급생들보다 성적이 우수해야 한다고 강요받았고 승자가 되기 위해 우리는 엄청난 자원을 쏟아 부었다. 이처럼 현대사회는 경쟁의 사회다. 모든 분야에서 치열한 경쟁이 벌어지고 있으며, 경쟁에서 승리한 자들만이 성공할 수 있다. 이러한 경쟁은 결국 과도한 자원을 사용하게 되고 환경을 파괴하고 급기야는 기후위기를 초래하게 된 것이다.

드라마 오징어게임은 456명의 사람들이 456억 원의 상금을 놓고 벌어지는 이야기를 그린 작품이다. 빚더미에 앉은 주인공들이 상금을 타기 위해 목숨을 걸고 인생 역전을 노린다. 게임에서 지면 바로 총살을 당해 생을 마감하게 되지만 어차피 빚더미로 고통을 받느니 차라리 죽음을 선택할 수도 있다고 생각한다. 그런데 드라마는 현대사회의 경쟁과 탐욕이 인간의 본성을 어떻게 왜곡하는지를 보여준다. 게임에 참가한 자들이 목숨을 걸고 경쟁을 하는 과정에서 인간의 이기심, 협력, 배신, 희생 등을 적나라하게 그려 낸 역작이다.

그런데 경쟁에서 낙오된 자들이 배수의 진을 치고 벌이는 오징어게임은 어쩌면 국제사회가 어떻게 하든 자국의 이익을 더 만들어 보려는 모습과 많이 닮았다. 그것을 위해 전쟁도 불사한다. 기후위기 해결도 서로에게 책임을 전가하며 어떻게 하든 자국이 손해 보지 않는 방향으로 이끌어

보려고 노력한다. 마치 1등을 하면 자기들은 기후위기를 벗어날 수 있을 거라고 착각하는 것 같다.

모든 국가가 오징어게임 승자처럼 최소한 자신들에게는 희망찬 미래가 주어질 것으로 굳게 믿고 있는지 모르겠다. 하지만 현실은 드라마와 다르다. 455명이 죽어도 상금을 받은 한 사람에게 극적인 희망을 안기는 드라마와는 달리 현실에서는 1등을 받아줄 곳도 그들이 편안하게 1등 상금을 사용할 곳도 찾기 힘들게 된다는 점이다. 결국 1등을 하더라도 선진국이든 후진국이든 모두에게 고통과 절망 그리고 멸종의 길만 남게 된다. 게임 참가자는 물론이고 게임주최자들에게 조차 희망이 없는 게임인 것이다. 기후위기는 우리 모두에게 피해를 줄 것이고 어느 누구도 이 피해를 회피할 수 없다. 그러니까 일확천금을 받아도 의미가 없는 정말 힘든 게임인 것이다. 기후위기의 원인을 제공한 선진국들이 기후위기의 피해를 비교적 덜 받을 것이라고는 하나 기후위기가 심각해질수록 선진국에 대한 증오는 극에 달할 것이고 그것을 막을 수 있을지는 미지수다.

기후위기 대응은 내 이익이 다른 사람에게 손해가 되는 제로섬(zero-sum) 게임처럼 접근해서는 해결이 어렵다. 모든 사람이 승자가 될 수 있

는 포지티브섬(positive-sum) 방식으로 문제를 해결해야 한다. 탐욕을 앞세워 서로가 치열하게 경쟁하는 것이 아니라 다람쥐처럼 70%를 남겨 모두가 공존하는 새로운 법칙을 창조하는 것이어야 한다. 남겨진 시간 이 많지 않고 실현 가능성도 매우 낮게 보인다.

04
하늘을 보지 마세요

영화 'Don't Look Up'은 탐욕적인 인류가 기후변화로 인해 당면할 미래를 아주 적나라하게 잘 표현하고 있다. 미국의 한 대학 천문학과 교수와 그 제자가 주인공인 이 영화는 '6개월 뒤에 지구와 충돌하게 될 소행성을 발견하고 이에 대한 대비를 하라고 주장하는 주인공이 진실을 알리는 과정에서 대부분의 사람들이 오히려 주인공을 미친 사람 취급'을 하면서 벌어지는 이야기이다.

이 영화는 지금의 기후위기 상황을 소행성 충돌에 빗대어 아주 잘 표현하고 있다. 미국 대통령에게 위기 상황을 보고하지만, 미국 대통령을 포함한 전 세계 지도자들의 대처는 매우 안일하다. 심지어는 음모론을 주장하며 '하늘을 쳐다보지 마라'며 선동까지 한다. 국제사회가 가까스로 합의를 하고 소행성을 지구에 도달하기 전에 파괴하기로 결정하고 실행에 옮기려 하는데 이 결정적인 순간에 미국 대통령에게 그를 지원하는 정치적 후원자가 그 소행성에는 돈이 되는 광물이 많으니 그것을 채취한 후에 폭파를 시키자고 제안한다. 감독은 지구의 종말을 눈앞에 둔

〈 생성AI로 그린 지구를 향해 돌진하는 혜성 〉

상황에서도 탐욕을 추구하는 현 인류의 모습을 그리고 싶었던 것 같다.
실제로 미사일 발사를 중단하고 광물채취를 하려고 시도하지만 실패하
고 만다. 결국은 6개월 뒤에 소행성이 지구와 충돌하여 지구 종말을 맞
이하는 것으로 영화가 끝이 난다. 기후위기를 대하는 우리들의 실제 모
습과 비슷하다는 생각이 들면서 영화가 현실이 될 것 같아 두렵다.

　수많은 과학자들이 수십 년에 걸쳐 위기를 경고하고 있지만 국세사회
의 탐욕 추구는 계속되고 있다. 오히려 정치인을 비롯한 음모론자 들은
'Don't Look up'을 외치면서 대중을 선동한다. 행성이 지구에 충돌해
지구가 파괴된다는 것은 말이 안 되는 음모론이라고 주장하는 것이다.
지금 현실에서도 기후위기에 대한 수많은 음모론이 존재한다. 그리고 그
것을 믿고 있는 사람도 상당히 존재한다. 데드라인이 불과 십 년 정도
남았다는 경고가 사실 믿기 어려운 것도 사실이다. 하지만 수많은 기후

위기 상황을 목격하면서 이것이 점차 우리의 삶을 조여 온다는 것을 깨닫기 시작한 사람들이 늘어나고 있는 것만은 확실하다.

안타깝게도 이러한 인식의 확산이 매우 더디게 진행되어 우리에게 주어진 시간 안에 기후위기를 해결할 가능성도 그만큼 빠르게 사라지고 있다. 그 결과 기후위기는 해결 불가능한 난제라는 것이 대체적인 국제사회의 중론이 되어가고 있다.

영화의 마지막에 '주인공들이 모여 함께 식사를 하면서 그저 우리가 늘 해 왔던 일상의 대화를 하는 중에 소행성이 충돌하여 그 상태로 모두 죽음을 맞게 되는' 장면은 매우 인상적이었다. 지구멸망의 순간도 어떤 거창한 예고가 있는 것이 아니라 순식간에 발생한다는 것을 연상하게 한 장면이었던 것이다. 하와이 한 도시가 산불로 인해 그야말로 하루아침에 도시가 잿더미로 변한 사건이나, 리비아에서 홍수로 인해 불과 몇 시간 만에 도시가 폐허가 되는 모습은 전쟁도 이렇게 처참한 결과를 만들어내지 못할 것이라는 생각이 들 정도다. 그런데 그런 일이 세계 도처에서 심심치 않게 벌어지고 있다. 오늘의 평온한 하루가 내일도 계속될 것이라는 보장이 점점 희박해지는 세상이 되어가는 것이다.

05
최후의 도전

스웨덴의 환경운동가 툼베리는 "나 죽고 나면 세상이 망하던 말든"이라는 말을 하였다. 사실 나이가 든 분들이 가진 생각이라 할 수 있다. 이처럼 현재의 문제에 대한 무관심과 태만함을 비판하며, 우리들의 행동이 미래에도 영향을 미친다는 사실을 강조한 것이다. 그는 단지 소리를 내기 위해서가 아니라, 우리가 지금 책임감을 가지고 행동해야 한다는 메시지를 전달하고자 했던 것이다. 그의 발언은 우리에게 큰 의미로 다가온다. 우리 개개인이 기후위기와 환경문제에 대해 관심을 가지고 행동하는 것은 단순한 선택이 아니라, 인류의 미래와 지구 생태계를 위한 필수적인 일이라는 것이다.

우리가 오늘 남겨둔 흔적들은 다음 세대에게 영향을 주며, 그들의 삶에 직접적인 영향을 끼친다는 것을 인식하고 툼 베리의 메시지처럼 지금 당장 변화를 이루어내야 한다. 옛날 속담에 "궁서설묘(窮鼠齧猫), 궁지에 몰린 쥐가 고양이를 문다"라는 말이 있다. 이는 우리가 지금 당장 어떤 방법이든 사용하여 기후위기를 극복해야 한다. 누구나 용기를 내어 인류를 위해 행동해야 한다는 것이다.

놀랍게도 인류는 누가 시키지도 않았는데 디지털세계라는 새로운 기반을 만들어왔다. 우리는 디지털세계를 통해 기후위기를 극복할 가능성을 엿볼 수 있다는 점을 매우 다행스럽게 생각한다. 인류가 이대로 무너지지 않고 새로운 세계를 구축하려는 예정된 진화과정이 아니라면 굳이 디지털세계가 만들어졌을까 라는 생각을 해 보게 된다. 만약 디지털세계가 없었다면 물질세계의 최적화나 정신적 성숙 같은 것은 꿈도 꿀 수 없었을 것이다. 스마트폰은 불과 3년 만에 전 세계인의 눈과 귀의 역할을 하게 되었다. 펜데믹은 불과 3년 만에 디지털과 아날로그 세상을 연결하였다. 원격의료나 원격교육, 원격근무와 같은 온 오프의 하이브리드 방식은 이미 전 세계적으로 상식이 되어버렸다. 또한 인공지능이 우리의 지적능력을 대신한다. 따라서 다른 것들과 차별되게 이제 인간이 할 수 있는 역할이라는 것은 오직 다른 생물이 갖지 않은 창조력을 극대화하는 능력이 남아 있을 뿐이다. 어쩌면 그것이 인류가 존재하는 의미일지 모른다.

특히 기후위기는 경제적 격동기와는 차원이 다른 문명사적 대전환의 전조 상황이 아닌가 생각된다. 산업화를 견인한 인간의 탐욕으로는 인류가 미래로 나아갈 수 없다는 사형선고를 받은 거나 다름없다. 우에게는 극단적으로 인간의 특성을 바꿔야 하는 대단히 어렵고 힘든 도전과제를 맞이하게 된 것이다. 거의 불가능해 보이는 이런 새로운 문명 시대로의 도전을 감행하는 것이 어쩌면 인류에게 남은 최후의 도전일지 모른다.

이번의 경우는 퇴로가 없는 상황이므로 비장한 각오로 도전할 수밖에 없다. 모든 인류가 다 함께 참여해야 하는 현실적이지도 않고 불가능해 보이지만 달리 방법이 없다. 너무 큰 벽에 가로막혀 있다는 절망감에 빠질 수 있겠지만 그렇기 때문에 강력한 도전이 가능할지도 모른다는 생각을 하게 되는 것이다.

현재 우리가 직면한 문제들은 어느 한 국가의 힘으로 해결하기 어렵다. 이는 지구적인 범위에서 발생하는 문제들이기 때문이다. 이러한 지구적 문제를 해결하기 위해서는 우리 모두가 지구적 관점을 가지고 있어야 한다. 안타깝게도 현재 지구촌에는 이를 해결할 만한 강력한 지구적 질서가 존재하지 않는다.

그렇다고 인류가 이와 같은 일을 외면하고 있었던 것만은 아니다. 이 같은 지구적 질서를 만들려고 국제사회의 노력은 이어져 왔다. 1차와 2차 세계 대전으로 엄청난 희생을 치른 후에 지구적 질서를 만들겠다고 1945년 UN을 창설했고 이어서 생겨난 여러 국제기구가 이와 같은 지구적 질서를 만들기 위해 노력해 오고 있다. 하지만 안타깝게도 국제기구의 회원국 중에 국가이익을 뛰어넘어 지구적 선(Global Good)을 추구하는 나라를 찾기 힘들다. 어쩌면 홍익인간을 건국이념으로 하는 우리가 유일한 나라일지 모르겠다. 안타깝게도 우리의 현실도 그 이념이 퇴색되어 사분오열하며 서로의 욕망을 채우느라 여념이 없는 상황으로 전락하긴 했지만 그래도 우리 가슴에는 여전히 홍익정신이 잠자고 있다고 봐야 할 것이다.

어찌 되었든 간에 UN회원국 중에 지구적 선을 추구하겠다는 뜻을 가

〈 생성AI를 활용해 Global Good을 표현한 그림 〉

진 회원국이 없다는 점은 매우 안타까운 일이다. 세계 최강대국이라는 미국조차도 자국우선주의를 표방하고 있는 실정이다. 모든 회원국이 자국우선주의를 지향하는 상황에서 전 인류를 위한 지구적 질서를 만들기란 매우 어려운 일이다.

그럼에도 불구하고 지구적 질서는 하루빨리 만들어져야 되며 그러기 위해서는 우선적으로 미래 세대부터 그런 도전에 나설 수 있도록 해야 할 것이다, 그들이 현재와 미래를 보면서 절망하고 있다면 하루라도 빨리 어려운 지구 상황을 이해하고 이를 극복할 첨병으로서의 꿈과 희망을 가질 수 있도록 만들어 주어야 한다. 그들이 지구공동체를 구축하는 새로운 꿈을 가져야 인류의 미래가 보일 것이다. 그들의 절망을 희망으로 바꾸지 못한다면 인류의 미래는 없다고 봐야 한다.

CHAPTER 03

우리의 유일한 생명은 지구

01
탐욕 대신에 지구적 선
(Global Good)

기후위기의 직접적인 원인은 온실가스 배출이지만 그 배후에 잘 드러나지 않는 근본적인 원인은 바로 인간의 탐욕이다. 애초에 인간은 수렵 채집을 하면서 여타 생물종과 별반 다르지 않은 하나의 종에 불과했지만 다른 생물종과는 달리 인간은 이성과 도덕성, 창의성 등의 특질을 가지고 상상할 수 있고, 언어를 사용하고 도구를 창조할 수 있는 능력으로 최상위 포식자로 등극한다.

그런데 농업혁명 이후 잉여자원이 생기기 시작하면서 현재의 경제사회시스템이 만들어지는 데 이러한 제도의 핵심 추진력이 바로 인간의 욕망이었던 것이다. 욕망이란 자신의 이익을 추구하려는 것을 의미하는데 현 사회경제시스템은 경쟁과 소비가 강조되고 더 많은

욕망을 추구하도록 잘 설계된 시스템이다. 이러한 시스템을 통해 물질적 풍요와 양적 성장을 이루는 성과를 거두기는 하였지만, 이것이 과한 나머지 환경을 파괴하고 기후위기를 초래하고 만 것이다.

그러나 욕망을 넘어선 지금과 같은 탐욕이 우리의 특성을 지배하고 그런 탐욕을 부추기는 사회시스템이 존재하는 한 인류는 더 이상의 미래를 기대하기 어렵다. 이러한 시스템이 기후위기를 초래했음을 인정한다면 이를 촉발한 전체 시스템을 멈추거나 개선하는 것이 근본적인 해결책이 되어야 한다.

〈 생성AI가 그린 인간의 탐욕이 초래한 기후위기 〉

　역사적으로 인간의 '탐욕'은 산업혁명 이후부터 본격적으로 커졌다고 볼 수 있다. 탐욕이 인간의 중요한 에너지원이 되었고 폭발적인 성장을 견인하는 동력이 되면서 대부분 인간이 탐욕의 노예가 되고 말았다. 그리고는 그 늪으로부터 빠져나오지 못하고 결국에는 모든 것을 파괴할 만한 기후위기를 초래하고 파국을 기다리는 형국이 된 것이다. 이제 인류에게는 대안이 없다. '탐욕'을 억제하던가 아니면 이대로 멸종을 당하던가. 둘 중에 하나다. 지금의 시스템을 어떻게 하든 유지하거나 조금 바꿔서 사용하려는 그 어떤 시도도 우리를 멸종에서 구할 수 없을 것이다.

하지만 국제사회는 이러한 근본적인 원인을 외면한 채 현재의 경제사회시스템을 유지하면서 문제를 해결하려고 노력하는 것 같다. 어쩌면 국제사회의 기득권자 대부분이 현 시스템의 승자들이기 때문에 그런 것인지도 모르겠다.

지금의 국제사회 대응으로는 기후위기 극복에 실패할 확률이 매우 높다. 이미 국제사회의 여러 보고서에는 국제사회가 내 세운 목표 달성에 실패하고 있음을 밝히고 있다. 이런 상황에서 개인이 할 수 있는 일은 별로 없어 보인다. 그저 이대로 국제사회가 내놓은 정책을 따라가다가 파국을 맞이하던가 아니면 그것조차 따라가지 못하고 좌절하면서 파국을 맞이하는 것 말고는 달리 방도가 잘 보이질 않는다. 그렇다고 이렇게 손을 놓고 있을 수는 없는 노릇이다. 차라리 더욱 과감하게 도전하는 것만이 후회하지 않은 선택일 수 있다는 생각이다.

사실 이 책은 바로 그러한 무모한 도전을 위한 내용이 담겼다. 무기력한 개인들이 힘을 모아 세상을 바꿔보자는 것이다. 당장에 탄소감축이 급한 일이지만 이것을 근본적으로 추진하기 위해서는 공동체 의식을 가지고 다 같이 지구적 선을 추구하는 가치관의 변화가 우선 되어야 하며, 이렇게 가치관의 변화를 바탕으로 행동에 나선다면 아마도 그 효과는 몇 배 더 크게 나타날 것으로 기대하는 것이다. 그리고 소수가 아닌 다수의 참여만이 효과를 낼 수 있기 때문에 보다 빠른 참여를 위한 프레임워크를 제안하고자 하는 것이다.

지금까지 탐욕을 추구해 오던 인간이 단시간에 새로운 가치를 추구하는 인간으로 변화될 가능성은 매우 희박하다. 하지만 산업화 이전에는 공유경제 모델이나 잉여자원을 교환하는 물물교환 형태의 경제시스템이 존재했었고 지금도 그런 관습은 곳곳에 남아 있기도 하다. 또한 탐욕 추구를 강요받는 사람 중에는 그것 때문에 스트레스를 받고 고통스러워하는 사람들이 다수 존재하는 것을 보면 이것이 인간의 본성이라기보다는 후천적 특성일 수도 있다. 만약 그렇다면 지금과 같은 위기 상황에서는 후천적인 탐욕을 버리고 지구적 선을 추구하는 가치관의 변화가 가능하지 않을까 라는 기대를 해 보게 된다. 혹시라도 다른 생물종과 다르게 자신들의 의지에 따라 특성을 변화시킬 수도 있는 인간이기에 급한 상황이라면 변화가 가능할 수도 있을 것 같아 제안을 하는 것이다.

　지금까지 국제사회의 기후위기 대응은 주로 탄소배출이 많은 산업에서 탄소를 줄이는 것에 초점이 맞춰져 있지만, 개인들의 가치관 변화와 이를 통한 행동의 변화 없이 과연 그들의 탄소감축이 제대로 이루어질지 미지수다. 왜냐하면 수요가 늘어나면 당연히 그에 따라 공급이 늘어난다. 수요 억제는 미룬 채 공급만 통제하는 것은 실효성이 떨어지는 방법이다.

　가능한 한 많은 개인들이 탐욕을 억제하고 지구적 선을 추구하는 방향으로 가치관을 전환하고 그에 따라 탄소배출이 많은 수요를 억제해야 한다. 그리고 그런 행위가 확산되어 기업이나 조직 심지어는 국가 등의 모든 구성체가 그런 방향으로 나서야 한다. 그래야 수요가 줄고 공급도 자연스럽게 줄일 수 있다. 물론 이 과정에서 기존의 경제시스템은 타격을 받을 것이 분명하다. 하지만 이대로 지속가능하지 않다면 과감하게 새로운 경제시스템을 도입하는 데 주저함이 없어야 한다.

자 그렇다면 오징어게임과 같은 기존의 경제시스템을 어떻게 변화시켜야 할지 포지티브 섬(Positive Sum)을 추구하는 새로운 게임을 상상해보자. 우리는 새로운 게임을 '다람쥐게임'이라고 부르기로 한다. 다람쥐 게임은 자신이 배출하는 탄소량이 가장 적은 자가 승리를 하는 게임이다. 그런데 오징어게임과는 다른 게임의 법칙이 있다. 만약 다른 사람들과 함께 줄인 탄소감축량은 참여한 사람만큼 가점을 제공받는다. 오징어게임이라면 공평하지 않다고 할지 모르지만 다람쥐게임에서는 상관없다. 오히려 많은 사람이 함께 참여할수록 더 좋다고 판단하는 것이다. 이렇게 게임을 해서 가장 많이 탄소를 감축 한 자에게 1등 상금을 수여한다. 여기서 다람쥐게임만이 갖는 또 다른 규칙이 하나 더 있다. 1등 수상자는 자신의 상금 70%를 함께 참여했던 동반자에게 골고루 시상해야 하는 규정이다. 이러한 나눔을 실천함으로써 참여자들은 더 많은 사람들과 함께 탄소감축 활동을 하는 것이 유리하게 된다. 다람쥐게임은 오징어게임처럼 'All or Nothing' 게임이 아니라 'Win-Win' 게임이다. 우선 게임 행위 자체가 탄소감축이라는 GG를 추구하는 것이어서 게임을 더 많은 사람이 즐길수록 이롭다. 오징어게임은 게임자체가 공동체를 이롭게 하는 건 아니다. 또한 상금을 나눔으로서 패배자를 최소화할 수 있음도 공동체를 풍요롭게 하는 방식이다. 이처럼 비록 간단한 상상이지만 게임의 규칙을 조금만 바꿔도 GG를 추구하는 삶으로 전환할 수 있다. 게임의 긴장감이나 재미는 규칙을 어떻게 만드느냐에 따라 달라지겠지만 GG를 추구하는 다람쥐 게임은 이렇게 과정과 결과를 통해 GG를 추구한다는 점이 오징어게임과는 다르다. 이런 게임은 많아지면 많아질수록 지구공동체는 풍요로운 모습으로 진화되어 갈 것이다.

이렇게 인류가 지금까지의 탐욕을 내려놓고 지구적 선(GG)이라는 새로운 가치를 지향한다면 지금과는 다른 세상을 만날 수 있을 것이다. 아마도 이미 많은 사람은 준비가 되어 있을지 모른다. 이제 바로 시작하면 된다. 더는 돌아갈 곳이 없는 오징어게임 참가자처럼 죽음을 담보로 뛰는 것이 아니라 모두 Win Win 하는 다람쥐게임에 도전해야 한다.

어쩌면 짜릿하지도 않고 자신의 탐욕을 채우기에 많이 부족할지 모르지만 반대로 GG를 추구하는 공동체의 일원으로서 탐욕으로 채워지지 않는 행복감을 만끽할 수 있고, 상금을 나누는 과정에서 나눔의 기쁨도 누릴 수 있다. 이런 것들이 탐욕으로 채울 수 없는 삶의 의미를 선사하게 될지 모른다.

이렇게 GG를 추구하는 지구시민들로 구성된 지구공동체가 만들어진다면 세상은 지금과는 아주 다른 모습이 되어 있을 것이다. 우리는 이와 같은 지구적 선(GG)을 추구하는 프레임워크로 ESGG를 제안하려는 것이다. ESGG(Ethical Sustainable Global Good)는 지구적 윤리관(Ethical)

과 지속가능한(Sustainable) 발전 방안을 적용하여 지구적 선(Global Good)을 추구하는 프레임워크다. ESGG를 통해 GG인은 물론이고 GG 기업, GG조직, GG국가, GG국제기구가 탄생하기를 기대하는 것이다.

이와 같은 ESGG는 앞으로 모든 분야에서 GG를 추구하는 방법론으로서 지속적으로 진화되고 확산되기를 희망한다. 모든 사람이 ESGG선언문(GG Vow)를 작성하고 이를 공개적으로 선언하고 실천하는 가운데 집단지성을 이루어 참신하고 지속가능한 발전 방안이 강구되기를 기대하는 것이다.

물론 이와 같은 소수의 개인들의 노력만으로 과연 무슨 효과가 있을까 걱정이 되기도 하겠지만 예를 들어 처음에 100명이 GG인이 각자 매일 두 명씩만 설득해서 ESGG를 실천하게 만든다면 한 달 안에 1억 명이 넘는 GG인이 이 지구공동체를 위해 존재하게 된다. 만약 그렇다면 한 번 도전해 볼 만하지 않겠는가.

02
지구적 선(GG)을 향하여

우리 모두는 지구적 선(GG)을 지향하는 가운데 삶의 목표를 설정하고, 애국심을 뛰어넘어 지구적 윤리관을 가지고 사리를 판단하면서, 지속가능한 방법으로 미래를 향해 나아가야 한다. 소수가 그렇게 하는 것은 의미가 없겠지만 다수가 그렇게 한다면 집단지성을 이루어 큰 변화를 가져올 수 있을 것으로 본다. 사실 지금의 사회경제시스템을 그대로 유지한 채 또한 우리의 욕망에 기초한 삶의 방식을 바꾸지 않는다면 기후위기 극복은 불가능할 것이다. 그러니 비록 어려운 일이지만 개개인의 가치관의 변화와 삶의 방식의 변화를 추구해야만 한다고 보는 것이다.

지구적 선(GG)은 많은 사람들이 생각조차 해 보지 않은 개념일 수 있다. 그리고 기존의 상식으로는 감히 이런 것까지 고려하여 자신의 삶을 목표를 설정하고 일과 생활방식을 바꾼다는 것이 결코 쉽지 않은 일이다. 하지만 지금의 상식과 사회경제시스템이 앞으로 제대로 작동되지 않는다면 그래서 그러한 꿈을 꾸는 것조차 용납되지 않는다면 어떻게 할 것인가 그래도 기존의 길을 향해 나아갈 것인지 아니면 방향을 바꿔 GG

를 추구하면서 새로운 지구공동체를 만들어 나갈 것인지 둘 중에 하나를 선택할 수밖에 없는 상황이다. 그렇다면 ESGG를 실천하는 방법 밖에는 달리 선택의 여지가 없다.

역설이긴 하지만 만약 이런 기후위기에 직면하지 않았다면 지구공동체라는 대안은 아예 생각조차 안 했을지 모른다. 그러니까 기후위기를 극복하는 과정에서 지구공동체라는 대안이 제시되는 것이고 이를 통해 인류가 한 단계 성장할 수 있게 된다면 기후위기는 인류가 미래로 가는 성장통일 수 있다는 점이 그나마 희망적인 메시지라고 보는 것이다.

기후위기를 극복하고 인류가 미래로 나아가기 위해서는 우리 모두 Global Good을 추구해야 하고 이것을 지금까지 탐욕을 추동력으로 이뤄낸 사회경제시스템처럼 GG를 추동력으로 하는 사회경제시스템을 창조해야 하는 시점인 것이다.

이와 같은 지구적 선(Global Good ; GG)이 인류에게 시급하게 필요한 이유는 다음과 같다.

첫째, 모든 인류의 지속가능한 발전을 위해 필요하다.

민족이나 국가를 초월한 지구공동체를 이루지 못하면, 인류는 기후위기, 물 위기, 양극화 등 다양한 문제를 해결하기 어렵다. GG를 추구한다면, 인류는 이러한 문제를 해결하고, 모든 인류가 지속 가능한 삶을 누릴 수 있는 기반을 마련할 수 있을 것이다.

둘째, 모든 생명체와 풍요로운 공존을 위해 필요하다.

지구에는 다양한 생물종이 존재하며, 이러한 생명체들은 서로 연결되어 생태계를 이루고 있다. 인류가 모든 생명체를 존중하고, 공존하기 위해서는 GG를 추구하는 가운데 선형적 사고를 순환적 사고로 전환해야 한다.

셋째, 인류의 새로운 가치창조를 위해 필요하다. 지구공동체가 모든 생물종과 함께 하나의 거대한 유기체처럼 움직이는 새로운 문명이라면 인간의 역할을 창조적인 능력으로 이 공동체를 이끌어가는 역할을 해야할 것이다. 이를 위해서는 GG를 지향해야 한다. 그런 지향점이 없이는 하나의 유기체로서의 지구공동체는 구축되기 어렵다.

이처럼 GG를 추구하는 지구시민들에 의해 지구공동체가 형성된다면 개인들의 삶도 매우 달라질 것이 예상된다.

우선 공동체의 일원으로서의 의미가 강화될 것이다. 현재는 개인이 이익 추구를 삶의 의미로 여기는 경우가 대부분이지만 지구공동체에서는 GG를 추구하면서 다른 이들과 함께 살아가는 것에 더 큰 의미를 부여하게 될 것이다. 또한 자연에 대해 오직 자신들을 위한 자원이라는 인식에서 벗어나 자신들의 삶과 연결되어 있는 존재로 인식하고 이들과의 조화로운 삶을 통해 의미를 찾고자 할 것이다. 아직 상상하기조차 힘들지만 만약 지구공동체가 하나의 유기체 같은 존재라면, 지구공동체의 일원으로서 자신의 삶을 보다 풍요롭고 의미 있게 만들어갈 수 있을지 모른다. 예를 들어 지구생태계를 보호하는 활동이라든가, 지구적 사회 문제를 해결하는 일 같은 것으로 삶의 의미를 찾아가는 것이다.

우리는 디지털세계를 통해 거의 전 인류가 연결되어 있다. 따라서 **빠른** 시간에 GG인의 확산을 경험하게 될 것이다. 인류가 서로 긴밀하게 연결되어 집단지성을 발휘하게 되면 인류는 거대한 유기체의 중요한 구성요소처럼 될 것이다. 이것은 마치 뇌세포가 순식간에 작동하여 뭔가를 상상하거나 생각을 하듯이, GG를 추구하는 인간들이 집단지성을 형성하고 **빠르게** 답을 도출하여 지구공동체를 운영하는 모습을 상상하게 된다. 지구공동체가 가져야 할 우리가 알지 못하는 가치를 창조해 내는 지구생태계의 뇌와 같은 모습으로 인류가 자리 잡게 된다면 우리의 행복이나 성공의 기준은 다람쥐게임처럼 달라져 있을지 모른다. 그때가 되면 오징어게임을 하던 우리들은 마치 박물관에서나 만날 수 있는 선조들이 되어 있을 것이다.

이런 희망을 가지고 GG人을 확산하고 그들에 의한 조직을 새롭게 만들어 가는 가이드로서 ESGG가 역할을 해 주기 바란다. GG를 향해 전 인류가 정렬하여 지속가능하고 풍요로운 지구공동체를 구축해서 후세들이 새로운 시대를 열게 된다면 인류는 탐욕으로 물질적 풍요를 이루었고, 그 와중에 정신적 성숙을 위한 디지털세계를 창조하였으며 이제 GG人으로 거듭 태어나 새 시대를 열게 되는 희망적 미래를 그려볼 수 있게 된다. 그리고 이렇게 새로운 지구적 질서를 구축한다면 그것은 현존하는 인류의 최대 업적이 될 수 있을 것이다.

03
지구적 윤리관(Ethical)

윤리적(Ethical)이라는 것은 개인의 행동이 사회에 미치는 영향을 고려하고, 사회의 구성원 모두가 행복하고 만족할 수 있도록 행동하는 것을 의미한다. 따라서 타인의 권리를 해치지 않고, 공정하고 정의롭게 행동하겠다는 다짐이 필요하다. 그런데 GG를 추구하는 데 따르는 윤리적(Ethical)이라는 것은 지금의 윤리관과는 달리 지구적 관점의 윤리관을 의미한다. 지구적 윤리관이란 GG를 추구하는 것과 마찬가지로 지구적 관점에서 해야 할 일과 하지 말아야 할 일을 정의하자는 것이다.

지구공동체의 규범으로 인류 보편의 가치 그리고 미래 세대까지를 고려한 가치와 원칙을 의미한다. 인간은 물론이고 모든 생물종이 자연스럽게 존재할 수 있는 권리를 제공하는 것 또한 중요한 지구적 윤리다. 자연으로부터 생명을 얻어 이 땅에 태어나서 자연의 부름을 받을 때까지 인위적인 고통과 죽임이 최소화되는 것 또한 지구적 윤리라고 할 수 있다. 이와는 반대로 자연이 우리에게 부여한 생명의 한시성을 받아들인다면 이것을 인위적으로 연장하려는 노력이 과연 윤리적인가에 대한 검토도 필요한 시점이다. 또한 국가와 지구 사이에서 국가를 우선할 것인가 아니면 지구를 우선할 것인가를 선택할 때 지구를 우선하는 것이 바로 지구적 윤리관이다.

이 시점에서 지구적 윤리관이 하루빨리 형성되어야 하는 이유는 바로 기후위기 등의 지구적 현안들이 국가적 질서를 뛰어넘는 것들이기 때문이다. 이러한 문제를 해결하기 위해서 지구적 윤리관이 필요하다. 기후위기가 해결되지 못하는 가장 근본적인 원인은 바로 현재 지구에는 국가적 관점을 벗어나지 못한 채 국가연합체 수준의 사회이라는 점이다. 지구촌에서 벌어지는 수많은 사건들의 대부분은 국가적 이해관계의 충돌이다. 러시아, 우크라이나, 이스라엘, 팔레스타인 등이 치루는 전쟁은 모두 지구적 관점에서는 반윤리적인 행위다. 애국심으로 전쟁터에서 목숨을 바치지만 지구애로 전쟁을 거부하는 자는 극소수에 불과하다. 우리 모두가 지구애로 전쟁을 거부한다면 전혀 다른 세상이 되었을 것이다.

또 다른 예를 들어보자. 만약에 서울시가 서울시민을 위한 정책을 펼치면서 대한민국에 피해를 준다면 아마도 그 정책은 서울시민들 조차 외면할 것이다. 그들은 서울시민이기에 앞서 대한민국 국민이기 때문이다. 그런데 만약 대한민국을 위한 정책이 지구환경을 파괴하는 것이라면 다른 나라 국민들은 반대하겠지만 대한민국 국민이라면 애국을 내세워 수용할지 모른다. 지구공동체의 일원이라는 생각을 미처 하지 않은 탓이다. 다시 말해 애향(愛鄕), 애족(愛族), 애사(愛社), 애국(愛國)은 있지만 지구를 사랑하는 지구애를 마음에 담지 못한 탓이다.

지구촌 한 쪽에서는 기아로 수억 명이 허덕이고 있는데 다른 한 쪽에서는 음식물이 넘쳐나 이것이 쓰레기가 되고 있다. 이것 역시 GG를 추구하는 사회라면 쓰레기가 되기 전에 부족한 이들에게 전량 제공이 되도록 하는 프로세스가 개발될 수도 있다. 하지만 현재는 쓰레기가 될 때까지 기아로 허덕이는 자들에게 제공되지 않는다. GG를 추구하지 않기 때문에 자신들의 영역 밖의 일이라 생각하는 것이다. 그들의 쓰레기가 바로 이웃의 자원이 될 수 있음을 알아차리지 못하는 것이 현재 인류 문명 수준이다. 지구공동체였다면 반윤리적 행위로 규탄 받았을 것이다.

지구적 관점에서는 화석연료를 사용하는 것을 당장에 멈춰야 하지만 국가적 관점에서는 경제적 이익을 놓칠 순 없다고 생각할 수 있다. 이 때 모두의 공멸을 선택할 것인가 아니면 국지적 손해를 선택할 것인가의 문제가 남는다. 만약 전 세계가 GG를 추구하고 있는 상황이라면 공멸을 막기 위해 어떠한 예산을 전용해서라도 국지적 손해를 보전할 방법을 찾을 것이다.

ESGG의 Ethical은 바로 이런 관점에서의 지구적 윤리관을 의미한다. 이러한 지구적 윤리관이 GG를 추구하는데 있어 넘지 말아야 할 기준점이 되어주기를 바라는 것이며 생태계를 파괴한 탐욕의 사회를 GG사회로 전환하기 위한 새로운 규범이 되어주기를 기대하는 것이다.

개인들의 영향력도 엄청나게 확장되어 이들이 잘못된 행동을 하면 감당할 수 없는 괴물이 될 수도 있다. 이런 개인의 잘못된 윤리관은 지구를 파괴할 수도 있는 상황이다. 특히 디지털세계의 확장으로 이런 파급력도 증폭되고 있다. 한 명의 해커가 주요 군사시스템에 접근하여 큰 파괴력을 행사할 수 도 있다. 앞으로 이런 위험은 더욱 더 증가할 것이다. 이런 해커들도 애국심을 뛰어넘는 윤리관을 가져야 한다. 이러한 지구적 윤리규범이 작동되지 않으면 한순간에 세상이 파괴될 수 있음을 경계해야 한다. 인공지능의 경우도 지구적 윤리규범이 존재하지 않으면 어떠한 일이 벌어질지 알 수 없다.

이러한 지구적 윤리관은 국제법이나 국제기구 등을 통해 지구적 문제 해결에 활용되고 있기도 하지만 매우 제한적이며 최근의 기후위기 등의 문제를 다루기에는 역부족이다. 지구적 윤리관은 세계인구의 상당수가 의식적으로 인식하고 이를 실천해야 만이 사회적 규범으로서의 힘을 발휘할 수 있을 텐데 그 수준이 매우 미흡한 상태인 것이다. 또한 이러한 윤리관을 단기간에 형성하는 것도 쉬운 일이 아니다. 하지만 기후위기라는 퇴로가 없는 위기 앞에 놓인 인류에게는 반드시 필요한 규범이기에 ESGG를 통해 이를 추진해 보려는 것이다.

사실 지구적 윤리관은 아직 전 세계적으로 제대로 정립되어 있지 않은 개념이므로 GG를 추구하는 가운데 창조적으로 만들어나가야 하며, 지속적인 진화가 이루어져야 한다. 현재의 상식이나 법으로 미래를 규제해서는 안 되고 GG가치관으로 이루어진 행위들의 반복을 통해 검증되고 종합적으로 판단한 정제된 지구적 윤리규범에 의한 질서가 확립되어야 한다. 지구공동체는 이 세상에 존재하지 않던 것들이 지구적 윤리규범 하에서 자아실현을 통해 마음껏 발휘될 수 있는 세상이다. 이것은 아직 시작조차 하지 않은 단계이며 아마도 기후위기를 극복하는 과정이 출발점일지 모른다.

기대하는 것은 디지털세계를 통해 전 세계적인 ESGG 활동이 집적되어 새로운 지구적 윤리규범이 정립되고 지구적 문제에 관한 윤리적 판단이 가능하다면 기후위기 극복이나 인공지능이나 로봇 등의 윤리규제에도 활용될 수 있을 것이다.

04
지속가능한(Sustainable) 발전

GG를 추구함에 있어 구성체가 지속가능한 바디(GG바디)가 아니면 이를 구현할 수 없다. 그러므로 GG를 추구하려면 우선적으로 GG 바디가 구축되어 있어야 한다. GG바디는 개인의 육체를 포함해 기업조직 등 모든 구성체를 의미한다. 이러한 GG바디를 가지고 지구적 윤리관에 따라 GG를 추구하는 것을 ESGG를 실천한다고 말할 수 있다.

현재 국제사회가 추구하는 지속가능한 발전목표가 더디게 진행되는 이유는 지향점은 기후위기에 대응하겠다고 하나 그 실행 바디가 기존의 경제시스템에 적합한 구조로 지속가능하지 않은 경우이거나 이와는 반대로 기존의 탐욕을 그대로 추구하면서 지속가능한 척 하는 이른바 그린워싱(Green Washing)하는 경우다. 따라서 개인과 조직을 포함한 모두 구성체가 GG를 지향하는 GG바디로 전환하는 게 매우 중요하다. ESGG는 이렇게 지향점과 구성체 그리고 행위를 일치시켜 그 효과를 극대화하고자 하는 것이다.

그런데 '지속가능한(Sustainable) 방법'이라는 의미는 단순히 지속가능한 기술 등 하드웨어적인 것만을 지칭하는 것이 아니라 GG를 구현할 수 있는 소프트웨어적인 역량과 공동체 문화까지를 포함해야 한다. 달리 표현한다면 GG를 구현하는 데 필요한 모든 역량을 의미한다고 하겠다. 따라서 구성원들 개개인의 GG역량도 중요하며, 어떠한 구성원들로 구성되는 가도 중요하다. 또한 이들 구성체가 GG를 지속적으로 추구할 수 있는 역량을 갖추고 있는 GG바디인지도 확인해야 한다. 뜻은 좋은데 바디가 부실하면 그 또한 목적 달성에 실패할 확률이 높기 때문이다.

그렇다면 GG바디는 어떻게 구성해야 하는 지를 설명해 보자. 우선 GG바디를 구성하기 위한 필수적인 요소로 다음 3가지를 제시하고자 한다.

첫째, 우선적으로 지속가능한 기반을 조성해야 한다. (Zero Basic)

궁극적으로 모든 생물종은 자연으로부터 에너지를 얻어 생존한다. 인간의 문제는 그 에너지를 너무 과하게 소비하고 있다는 점이다. 생존과 GG를 추구하는데 필요한 최소한의 에너지 소비를 디자인하고 이를 자연으로부터 조달하고 순환시켜야 한다.

아무리 성장위주의 경제시스템을 붙잡고 싶어도 생태계가 파괴된다면 소용이 없다. 다람쥐가 70%의 도토리를 생태계로 돌려주는 것은 멍청해서가 아니라 지속가능한 생태계를 유지하기 위한 현명한 조치다. 인간들처럼 수확한 도토리를 전부 먹어치워 생태계를 파괴하는 멍청한 다람쥐는 없다. 이제 인간들도 자신이 수확한 것의 70%를 생태계를 위해 사용할 결심을 해야 한다. 아니면 최소한의 것만 취하는 것도 방법이다. 이렇게 되면 기존시스템의 작동이 점차 퇴보하게 되겠지만 반대로 GG에 기반에 지속가능한 사회경제시스템이 창조될 수 있다. 그러니 생태계 자체가 아예 파괴되는 것보다는 도전해 볼 만한 선택이라 할 수 있다.

　보다 구체적인 행동 방식을 제시하면 우선적으로 소비를 획기적으로 줄여야 한다. 자원을 낭비하지 않고 재활용해야 하며 가급적 자연으로부터 에너지를 얻어야 한다. 신재생에너지는 그런 것 중에 하나다. 식량도 자연스럽게 과하지 않게 소비하자. 또한 지구생태계에 피해를 주는 쓰레기를 배출하지 말아야 한다. 지구상에 존재하는 그 어떤 생물종도 생태계를 해치는 배설물을 내놓지 않는다. 오직 인간만이 지구를 파괴하는 배설물을 토해낸다. 가축이 배출하는 분뇨 역시도 인간의 작품이다. 그들을 가둬키우지 않았다면 충분히 지구생태계가 소화할 수 있는 것들이었다.

　이러한 GG바디에는 최소한의 의식주를 해결하는 자급자족 공동체 같은 것도 구성할 수 있을 것이다. 자아실현은 기초적인 욕구가 해결되어야 가능하다. 생존이 급한 자들에게 자아실현은 사치일 뿐이다. 따라서 자급할 수 있는 공동체를 구성하고 기초생활을 적은 노력으로 안정화 할 수 있다면 자아실현의 기회는 확대된다. 최근에 이와 같은 독특한 형태의 주거공간이 등장하기 시작했는데 아파트 1층에 공용카페가 있어 같이 입주해 있는 어르신들이 아침 식사를 준비해서 바쁜 입주자들의 아침을 해결 해 준다든가 작은 텃밭을 공동으로 가꿔 필요한 식재료를 조달한다든가 하는 방법들이 제시되기도 한다.

둘째, 지금까지의 문명을 최대한 활용해야 한다. (Urban Basic)

인류는 탐욕을 추구하면서 수많은 것들을 창조했다. 그리고 그것들의 대표적인 전시장이 바로 도시다. 도시에는 온갖 창조물이 다 존재한다. 그런데 이것들 중에 상당 부분은 탐욕을 위한 것들이다. 만약 지구시민 모두가 GG人이면 지금의 상품 중에 70% 정도는 필요 없거나 무의미한 것일 가능성이 높다. 왜냐하면 대부분이 인간의 탐욕을 채우기 위한 것이고 이것들이 생태계를 파괴하는 주범이기 때문이다. GG를 지향하면 물건에 대한 가치관이 변화될 것이고 그렇게 되면 상당한 물건들이 무의미해 질 것이다. 따라서 인류가 만든 수많은 것들 중에서 지속가능한 것만 선별하여 사용하는 것이 중요하며, 나머지는 과감하게 정리해야 한다. 그것이 탄소를 근본적으로 줄이는 일이기 때문이다. 이 또한 기존의 경제사회시스템을 힘들게 하는 일이 되겠지만 역설적으로 이런 기회를 통해 GG경제로의 전환이 가속화될 수 있을 것이다.

디지털 세계의 확장은 인간이 현실세계에서 추구했던 탐욕을 상상 속에서 이루어지도록 하는 NFT와 같은 다양한 상품을 만들어내고 있다. 또한 양극화 문제도 디지털 세계를 통해 어느 정도 해소할 수 있다. 그러므로 디지털 세계를 최대한 활용하여 GG를 추구하는 것이 지속가능성에 도움이 될 수 있다. 이처럼 디지털 세계를 통해 인간의 **탐욕**을 물리적인 것에서 정신적인 것으로 전환하여 에너지 소비를 최소화하고 무한한 가치 창조로 이어지게 하는 것 또한 GG를 추구하는 일이기도 하다.

 지금의 도시가 가지고 있는 수많은 것들 중에 꼭 필요한 것들은 자신들의 공동체에 내재화하는 것이 필요하다. 이는 도시나 조직 등에 모두 해당한다. 예를 들어 교육시스템의 경우 이제는 원격교육이 일반화되고 있다. 아프리카에서도 미국의 우수한 대학의 교육을 받을 수 있게 된 것이다. 의료서비스도 가능하다. 이처럼 GG에 필요한 것을 자신들의 바디에 내재화 하여 성능을 최적화해야 한다. 이런 것이 가능하도록 디지털전환(DX)은 빠르게 진화하고 있는 중이다. 만약 Zero Basic과 Urban Basic이 실현된다면 해당 바디는 통신이 가능한 전 세계 어디에도 만들어질 수 있다. 기후위기로 인해 우리 삶의 터전이 파괴되고 어쩔 수 없는 기후난민들이 대거 발생 할 텐데 이들을 위한 주거환경도 이렇게 GG도시로 구성되면 지리적 한계를 벗어나면서도 도시기능을 내재화 한 새로운 형태의 도시가 될 수 있을 것이다.

 마지막으로 자아실현을 추구하는 GG공동체를 구축해야 한다.
(Culture Basic)
 인간이 GG를 추구하려면 뜻을 같이하는 공동체와 함께 할 때 성과가 극대화 될 수 있다. 그것이 지속가능한 삶의 터전이기도 하다. 하지만 지금의 도시나 구성체는 탐욕을 추구하는 개인들의 시장터 같은 곳이다.

이곳에서는 탐욕이 거래된다. 탐욕의 거래 강도가 클수록 엔트로피는 증가하고 생태계가 파괴된다. 또한 불평등이 심화되고 윤리적 타락을 부른다. 이것이 가속화되면서 초래된 기후위기라는 막다른 골목을 빠져나오기 위해서는 GG공동체를 구축해야 한다. GG공동체 안에서는 물질적 거래보다 자아실현의 가치를 공유하고 나누는 GG거래가 활발하게 이루질 수 있다. 이익을 얻기 위해 무분별하게 환경을 파괴하거나 자원을 소비하는 것이 아니라 서로 협력하여 Win-Win 할 수 있는 거래를 통해 행복의 가치를 추구하는 것이다. 같은 뜻을 추구하는 자들끼리 서로 협력하고 나누면서 행복을 찾고 의미를 찾고 공동의 선을 추구한다. 지금의 조직들이 GG공동체로 빠르게 변신한다면 인류가 지금까지 갖지 못했던 새로운 가치들을 마구 쏟아내는 지구공동체가 시작될 것으로 확신한다.

Global Good이 무엇인지 또한 그것을 실천하기 위한 세 가지 가이드라인을 요약해 보았다. 지속가능한 자급자족 기반을 마련하는 것(Zero Basic)과 디지털전환(DX)을 통해 기존의 문명으로부터 GG에 필요한 것만을 선별해서 내재화 하는 것(Urban Basic) 그리고 마지막으로 자아실현 공동체 즉 GG공동체를 구축하고 새로운 가치를 창조할 인프라를 구축하는 것(Culture Basic) 이렇게 세 가지 요소를 기반으로 지구적 윤리관에 따라 GG바디를 통해 GG를 추구하는 것이 ESGG를 실천하는 길이다.

05
새로운 도전! ESGG

자아실현의 구현

이제 보다 구체적으로 ESGG를 실행하는 방법에 대해 좀 더 자세하게 다뤄보자. 우선 GG를 추구하는 방법으로서 또한 새로운 가치 창조를 위해서 자아실현을 어떻게 구현할 수 있을까에 대한 논의부터 시작해 보자.

개인의 경우 탐욕과 GG사이에서 여러 가지 상충되는 일이 많이 발생하게 될 것이다. 특히 탐욕을 추구하던 사회시스템 하에서 GG를 추구하는 것은 쉽지 않은 일이 될 수 있다. 대부분의 기업은 영리 추구가 목적이기 때문에 구성원들의 자아실현의 꿈과는 무관하게 그들로부터 필요한 기능만 제공받으려고 한다. 하지만 앞으로는 이런 기능은 인공지능이나 로봇이 대체하게 되므로 인간은 다른 역할을 해야 하는데 그것이 바로 자아실현의 가치인 것이다. 그리고 그 가치는 GG를 추구하는 가운데 구현되는 것이어야 한다. 도둑질을 잘 한다고 GG人이 될 수 없듯이 자아실현의 지향점이 GG가 되어야만 의미가 있는 것이다. 그러므로 GG人의 GG에 의한 GG人을 위한 조직이 앞으로 많이 탄생해야 한다. 그리고 비록 이익은 많지 않아도 구성원과 이해관계자 더 나아가 지구인 모두에게 도움이 되는 일을 하면서 행복해 하는 GG인들이 많이 탄생해야 한다.

에이브러험 매슬로우는 인간의 기본적인 욕구와 성장에 대한 이론적 구조를 설명하면서 인간 욕구를 5단계로 구분하여 설명하였다. 욕구 5단계 설에 따르면 인간은 우선적으로 생리의 욕구가 충족되어야 한다고 했다. 식욕, 성욕 등 생존에 필요한 기본적인 욕구가 충족되어야 한다는 것이다. 그리고 나면 안전의 욕구가 충족되어야 한다고 했다. 이는 개인적인 안전이나 건강, 일자리 등이 안정되지 않으면 불안한 상황이 된다는 것이다. 이런 것이 어느 정도 해소되어 안정적인 상태가 되면 사회적 욕구를 충족하려고 한다. 소속감, 사회적 연결, 친밀한 관계 등이 그것이다. 이것이 부족하면 외로움 등으로 고통받게 된다.

이런 3가지의 욕구가 충족되면 존중 욕구를 채우고자 한다는 것인데 그것은 바로 자아 존중, 자신감, 존경, 성취 등에 대한 욕구다. 경제적으로 성공한 이들이 사회활동을 활발하게 하는 것도 바로 이런 욕구에서 비롯된다고 할 수 있다. 매슬로우는 이와 같은 4가지의 욕구는 생리욕구부터 단계적으로 반드시 충족되어야 하는 결핍욕구라 정의했다. 부족하면 불안, 불만족, 스트레스 같은 부정적인 결과가 초래된다고 본 것이다. 인류의 욕구가 인간의 욕구를 닮았다면 이와 같이 생존 욕구와 안전의 욕구, 그리고 사회적 욕구와 존중 욕구를 채우는 단계까지 왔다고 할 수 있을지 모른다.

　그런데 마지막 단계인 자아실현의 욕구는 성장 욕구라고 정의하였는데 이는 충족되지 않아도 생존에 지장은 없지만 충족된다면 개인의 행복과 만족도를 높여준다는 것이다. 이제 인류도 GG와 같은 보다 차원이 높은 성장 욕구를 추구하는 단계로 진화되는 것이라면 이제 우리 사회가 갖추어야 할 시스템은 바로 자아실현이 가능한 제도를 구축하는 것일 수 있다. 그것은 매우 자발적 동기를 중요시하는 시스템이어야 하고 따라서 교육도 지금과 같은 기능인을 양성하는 형태가 아니라 개인의 자발적 동기를 여하히 끌어내고 이를 키워줄 수 있을까를 매우 세심하게 살펴 이끌어주는 전혀 새로운 형식의 교육이 되어야 한다. 인도의 IIT 대학은 이런 미래 인재를 키우기 위해 Big Question, First Question을 많이 하도록 유도한다고 한다.

　실리콘밸리의 첨단 기업들이 이 대학 졸업생을 선호하는 이유다. 기업과 같은 조직도 지금처럼 자신들의 비전에 따라 특정한 기능을 수행해줄 인재를 찾기보다는 자신들의 비전과 같은 비전을 추구하는 파트너와 함께 일을 하는 공동체를 구축해야 한다. 이것이 GG人에 의한 GG 조직이 되는 것이다.

　그런데 지금 우리 사회는 과거 생리적 욕구를 충족하기 위해 온 몸을 던졌던 베이비붐 세대와 사회적 자본이 잘 갖춰진 때에 태어나 자아실현 욕구가 충만한 MZ세대가 공존하고 있는 상태다. 그런데 이들 MZ세대가 충분히 축적된 사회적 자본에 의해 기본적인 욕구가 이미 충족되어 그러한 욕구가 상쇄되어버린 상황임에도 불구하고 미래에 대한 두려움으로 절망하기 시작했다. 자아실현은커녕 다시금 생존을 두려워하는 상황에 놓인 것이다.

부모세대는 비록 어려운 환경이었지만 희망이 있었다. 하지만 지금의 MZ세대는 풍족한 환경이지만 희망이 없다. 그것도 개인이 어떻게 할 수 없는 지구적 상황이 그들을 절망으로 내몰고 있는 것이다. 대학도 포기하고 일도 포기하고 결혼도 포기하고 출산도 포기하고 반면에 범죄나 마약에 빠져들고 스트레스와 우울증 등 정신병도 증가하는 추세다.

그럼에도 불구하고 여전히 우리 사회는 지금의 상식이 앞으로도 계속될 수 있다는 가정 하에 부모세대가 그렸던 꿈을 아이들에게 강요한다. 그리고 그것 때문에 청년들은 더욱더 크게 좌절한다. 현실적으로 자신들의 유일한 터전인 지구가 망가지고 있는 상황에서 부모나 사회가 요구하는 꿈은 도저히 실현 불가능하다는 것을 알고 있기에 부모세대와의 갈등이 증폭될 수밖에 없다. 하루빨리 이들에게 새로운 꿈을 가질 수 있도록 도와야 한다. 그것은 솔직하게 지구 상황을 이해시키고 이 상황을 극복할 수 있는 그들의 역할을 찾는 비장한 꿈을 꾸게 해야 한다. 그것만이 그들이 살아있음을 느낄 수 있는 방법이다. 바로 자아실현 욕구가 실현되는 환경이 구축되어야 한다는 것이다.

탐욕이 아닌 GG를 추구하는 삶이 상식이 되면, 그리고 전 세계 모든 사업이 GG를 지향한다면 우리 사회는 변할 것이다. 그리고 지금의 여러 가지 문제들을 해결할 수 있을 것이다. 예를 들어 대기 오염, 기후변화, 자원 고갈 등 국경을 초월한 문제도 GG로 접근한다면 해결책이 반드시 있을 것이라 믿는다.

이렇게 GG를 추구하는 사회를 만들기 위해서는 사회적 그리고 교육적인 차원에서도 완전히 다른 구조적 혁신이 필요하다. 디지털 전환은 필수이며 사고의 변화도 시급하다. 더 큰 문제는 이러한 대전환이 순식간에 이루어져야 한다는 점이다. 그런데 지난 펜데믹 때 아날로그와 디지털이 결합하여 교육이나 업무 효율이 높아진다는 사실을 알아차렸다. 그리고는 불과 3년 만에 전 세계가 온/오프를 동시에 활용하는 하이브리드를 받아들이는 놀라운 경험을 한 적이 있다. 만약 이런 대안이 없었다면 펜데믹의 피해는 더욱 커졌을 것이다. 다행스럽게도 디지털 전환이 어느 정도 준비되어 있었던 터라 환경 피해도 많이 상쇄했을 것이고 양극화 해소에도 기여 했을 것으로 본다.

이처럼 디지털 전환(DX)을 통한 사회개혁은 더더욱 가속화될 것이며 자아실현 구현하는 사회 기반은 확장될 것이다. 따라서 GG人의 확산과 활동방법 그리고 조직 등 새로운 개념의 삶의 방식이 확산되는 것도 기후위기라는 절박한 상황에서는 순식간에 전 인류가 변화될 수도 있지 않을까 라는 기대를 해 보는 것이다.

만약 이렇게 GG人이 확산된다면 GG人의 지지를 받는 정부가 탄생할 것이고 결과적으로 UN의 회원국들도 앞 다투어 GG를 표방하고 실천 의

지를 공개적으로 약속하게 된다면 매우 희망적일 것이다. 그렇게 되면 기후위기를 지구적 관점에서 모든 국가가 합심해서 문제를 풀어나갈 수 있을 것이며 그래야 제대로 해결책을 찾을 수 있을 것으로 본다. 지금처럼 각 국가가 자신들의 입장을 고려하여 탄소감축을 약속하는 것이 아니라 지구적 관점에서 과감한 탄소감축 정책을 수행할 수 있게 된다면 확실한 정책이 나올 것으로 기대한다. 탄소를 많이 배출하는 선진국들이 어떠한 희생을 감수하고서라도 탄소를 확실하게 줄이려 할 것이다. 비전이 애국이 아니라 GG라면 말이다.

국가가 GG관점에서 행동하기 어려운 것은 국민들의 GG人이 되지 않았기 때문이므로 우선적으로 GG人 확산에 주력해야 하며 이들로 하여금 GG기업, GG조직, GG학교로의 변신을 추진하고, 이런 조직들이 주축이 되는 GG국가가 되도록 해야 한다. 그리고 이런 GG국가가 주축이 되어 UN 등 국제기구가 활동을 해야 지구공동체가 창조될 수 있다. 그리고 나면 기후위기에 대한 창의적인 방법들이 폭발적으로 쏟아져 나와 기후위기도 자연스럽게 극복되면서 지구적 질서도 강화될 수 있을 것으로 기대한다.

그러므로 GG人의 확산은 ESGG의 첫 번째 목적이며, GG人으로 구성되는 지속가능한 조직을 만드는 것이 두 번째 목적이다. ESGG를 통해 인공지능이나 로봇들도 GG人공지능, GG로봇으로 변신하게 해서 디지털세계에서도 이러한 지구적 윤리관이 자리 잡도록 하는 것이 세 번째 목적이다. 그리고 거대한 유기체와 같은 지구공동체를 만들어 풍요로운 공존의 시대를 활짝 여는 것이 최종 목표이다. 탐욕이 인류에게 물질적 풍요를 이루어주었듯이 GG가 인류를 지구공동체의 중요한 일원으로 만드는 추동력이 되기를 희망하는 것이다.

ESGG 프레임워크

우리는 이제 ESGG를 구체적으로 어떻게 실천해야 할지를 검토해야 한다. ESGG는 지극히 간단한 프레임워크로 누구나 자신의 불확실한 미래를 검토하는 과정에 도움을 주는 가이드가 되면 좋을 것 같다.

이제 부모세대의 꿈과 희망을 아이들에게 물려줄 수 없으며, 기업들도 지금까지와 같이 이익만을 추구한다면 시간이 갈수록 고객이나 이해당사자들로부터 외면당하게 될 것이다. 그런 이유로 ESGG는 개인이나 기업, 단체 등이 도입을 미룰 수 없는 상황이다.

따라서 결론은 간단하다. 우리 모두 다함께 GG를 추구하자는 것이다. GG를 추구하는 인생계획, 사업계획, 국가계획을 수립하자는 것이다. 그렇게 그 길을 가겠다고 선언하고 행동하게 되면 그리고 더 많은 사람들이 이를 따라하고, 각국 정부나 투자자들이 이러한 활동을 독려해서 그렇게 GG人, GG조직이 확산된다면 그들의 지혜를 통해 지구적 문제해결 방법이 등장하고 이를 해결하는 과정에서 자연스럽게 지속가능한 바다가 창조되고 탄소배출이 줄고 이런 과정이 반복되면서 생태계가 복원되고, 새로운 지구공동체가 만들어지기를 기대하는 것이다. 인간의 특성이 GG를 추구하는 정도가 강해지고 이기심이 아닌 이타심이 넘쳐나는 세상이 오기를 기대한다.

구체적으로 ESGG를 실천하는 방법을 정리해 본다면

첫째, 지구의 현 상황을 가감 없이 알아야 한다. 현재 기후위기 상황은 어느 정도이며 따라서 인류의 위기 상황은 어떻게 진행되고 있는지를 가급적 정확하게 파악하는 것이 우선이다. 이런 정보가 입력되어 있지 않으면 미래를 설계할 수 없다. 최근 감사원에서 정부 정책에 이런 기후위기 시나리오가 반영되어 있지 않을 지적한 바 있는데 늦었지만 아주 필요한 경고였다. 해수면이 올라 도시가 잠길 것이 예상되는데 그에 대해 대비를 하지 않는 것은 직무유기다.

지금 우리 주변에는 기후위기에 대한 시나리오가 전혀 반영되지 않은 상태로 미래 계획을 수립하는 경우를 흔히 보게 된다. 이제는 초등학교 학생들에게도 이런 상황을 소상하게 알리고 자신의 미래에 대해 지금 상식과 다른 길이어도 그런 그들의 도전을 적극 후원해야 하는 상황이다.

둘째, 미래 자신이 가야 할 길을 정리해 본다.

지구의 위기 상황을 이해했다면 이제는 그래서 자신이 이 상황에 대처하기 위해 해야 할 일을 곰곰이 따져 봐야 한다. 이때가 가장 중요한데 열심히 실상을 알리고 나서는 과거의 방식대로 탐욕을 추구하는 교육을 강요하거나 기업에서도 이익만을 추구하는 과거의 비전을 따라가기를 요구한다면 무의미한 일이 될 수 있다는 점을 알아야 한다. 만약에 죽음을 무릅쓰고 도전한 오징어게임 참가자들이 455명의 경쟁자를 재치고 우승을 해도 그 상금이 무용지물이 될 만한 천재지변이 예정되어 있다면 목숨 받쳐 그 상금을 가지려 도전하지 않을 것이다. 지금 우리의 현실이 그런 상황이다. 아무리 열심히 공부하고 일을 한다고 해도 자신의 삶의 터전을 지킬 수 없다면 그 일을 할 이유가 있겠는가. 따라서 지금의 현 상황을 정확히 이해하고 GG를 추구하는 마음으로 자신이 할 일을 정해 보는 것이 중요한 것이다. GG를 추구한다는 것은 가장 기본적인 우리의 삶의 터전을 우선적으로 지키기 위한 것이지만 그것이 바로 다음 시대의 사회경제시스템의 추동력이 된다면 우리는 일석이조의 도전이 될 수 있다.

이 과정은 한 번에 끝날 일도 아니고 끊임없이 수정 보완해 가면서 GG를 향해 나가야 한다. 마치 지속가능한 바디를 잘 만들어서 그것을 지구적 윤리관이라는 차선을 벗어나지 않도록 운전하여 GG를 향해 가는 모습을 상상하면 좋을 것이다.

그렇기 때문에 앞으로의 지구상황을 반영하지 않은 계획들은 수정되기도 하고 경우에 따라서는 폐기가 될 수 도 있을 것이다. 하지만 그렇게 하는 것이 오히려 미래에 적극 대처하는 길이며 GG를 지향하는 새로운 비전 설정과 함께 자신의 일이 정렬되는 것이 무엇보다 중요한 일이 되는 것이다.

예를 들어 자신은 GG를 추구하기로 마음먹고 할 수 있는 일을 찾아본 결과 그 중에 쓰레기를 퇴출시키는 일을 하겠다고 마음먹었다면 그는 미래 사회에 매우 중요한 업적을 남길 수도 있다. 설사 그렇지 않더라도 쓰레기를 줍거나 처리하는 과정에서 그는 GG를 위한 일을 하고 있다는 자부심을 갖게 된다. 단순히 돈을 벌기 위해 어쩔 수 없이 하는 것과는 차원이 다른 것이다. 우리가 흔히 아이들에게 강요하는 영어나 컴퓨터 공부 등도 좋은 대학이나 좋은 직장을 위해서가 아니라 GG를 위해서 해야 한다면 굳이 안할 수도 있게 된다. 그렇다고 문제될 것은 없다. 어차피 과거의 상식이 통하지 않은 세상을 향해 빠르게 가고 있기 때문이다.

이렇게 과감하게 미래에 꼭 필요한 일을 하게 된다는 자부심과 그것을 꼭 이루겠다는 열정을 가졌을 때 그의 삶은 절망을 딛고 희망을 가지게 된다. ESGG는 우리 모두에게 기후위기라는 정말을 딛고 희망을 가지고 도전하게 만드는 가이드가 되고자 하는 것이다.

만약 어린 학생들이 ESGG를 통해 미래를 설계한다면 반드시 부모와 함께 참여하여 부모들과 사뭇 다른 아이들의 미래를 함께 이해하고 같이 고민해 주어야 한다. 그래야 그 아이들이 가는 길을 응원해 줄 수 있을 것이다.

셋째, 이렇게 정리된 내용을 공개적으로 선언하는 것이다.

공개는 자신의 결심에 대한 확실한 확인절차이다. 트루밸류라는 벤처 기업은 자신의 꿈을 당당하게 어필하면 유저들이 이를 응원하는 서비스를 개발해 운영 중이다. 당장은 실력이 부족하거나 미숙하더라도 자신의 미래에 대한 선언을 존중받고 응원을 받은 유저들은 이러한 경험을 바탕으로 새로 들어온 유저들을 응원한다.

이 사회가 가라는 길이 아닌 GG를 추구하겠다는 결심이 어쩌면 매우 외롭고 힘든 일이 될 수 있다. 하지만 응원의 선순환이 오랜 시간에 걸쳐 문화가 되고 이를 서비스 성장동력으로 삼은 트루밸류의 사례처럼 많은 사람이 응원해주고 공감해주면 그것이 사랑이고 그것이 새로운 에너지가 된다. ESGG를 실행하는데 있어 이러한 공감을 확산하는 것이 무엇보다 중요하다. 왜냐하면 GG人이 단 기간에 많아져야 되기 때문이다. 우리는 이러한 공감대 확산을 위해 최선의 노력을 다해야 한다.

또 한 가지 공개를 해야 하는 이유는 지속가능한 발전 방안에 대한 공유를 위해서다. 사실 탐욕을 추구하는 방법은 아주 다양하게 존재하고 공유되어 있지만 GG를 추구하는 방법을 아직 잘 모른다. 이것은 탐욕을 추구하는 방법과 달리 공감이 커지면 그에 따른 과실도 커진다. 탐욕은 주로 제로섬게임인데 반해 사랑은 무한히 확대될 수 있는 독특한 셈법이 존재한다. GG를 추구하는 것도 이와 같은 공감의 셈법이 통하기 때문에 가급적 많이 알려서 공감을 키우는 것이 필요한 것이다.

넷째, ESGG 촉진정책이 활성화되어야 한다. GG人, GG기업, GG조직의 확산은 GG국가가 되는 길이며 궁극적으로 지구적 질서가 창조되는 길이다. 이것이 매우 빠른 속도로 이루어지지 않으면 모두 공멸이다. 따라서 빠르게 이를 추진할 필요가 있고 이렇게 공감의 중심이 된 자들에게는 도전자의 보상이 크게 주어질 수 있을 것이다. 어찌되었든 GG에 대한 보상과 격려 등이 체계적으로 이루어질 수 있는 정책개발이나 금융지원 등이 시급히 이루어져야 하며 이것을 창조하는 자들은 미래의 규범을 만드는 자들이며 엄청난 보상이 이루어질 것이다.

마지막으로, ESGG 플랫폼을 통해 인간은 물론이고, 인공지능이나 로봇 의 규범이 되어야 한다.

ESGG 선언문(GG Vow) 가 디지털 세계에 축적되면 될수록 지구적 윤리관과 지구적 질서 그리고 지속가능한 발전 방안 등이 축전된다. 이러한 데이터는 거대한 집단지성을 이루게 되고 규범화될 수 있다. 향후 인공지능의 동작과정에서 반드시 지구적 윤리규범을 거치게 한다면 인공지능의 의사결정에 있어서 ESGG가 규범화될 수 있을 것이다. 스페이스뱅크라는 벤처기업은 이러한 데이터의 축적과 분석을 통해 규범화하는 작업을 여러 분야에서 시도한 경험을 토대로 ESGG Platform에 도전할 예정이다.

ESGG는 지구적 윤리관(Ethical)에 따라 지속가능한(Sustainable) 발전 방안을 강구하여 지구적 선(Global Good)을 추구하는 ESGG 프레임워크를 실천하자는 것이다. 우리 삶을 되돌아보고 기후위기에 대응할 수 있는 지구적 선을 추구하는 구체적인 방법론을 제안하려는 것이다.

이제 10년 남짓 남은 기간에 ESGG 프레임워크를 통해 지구적 선을 추구하는 GG人, GG조직, GG기업, GG국가, GG국제기구가 만들어지면서 지구적 윤리관이 정립되고 지구적 질서가 탄생한다면 인류는 지구공동체로 거듭 태어나 풍요로운 공존의 시대가 활짝 열리기를 기대한다. 우리 모두가 ESGG Vow를 공유하고 함께 실천해 보자. 정부나 국제기구들도 적극적으로 이를 실천하고 정책적 인센티브를 제공하여 이를 가속화하자. 디지털세계를 잘 활용한다면 지구적 질서를 10년 안에 만들어내는 것도 가능할 수 있다. 아니 반드시 해야 한다. 그래야 우리는 미래를 기약할 수 있기 때문이다.

GG조직의 확산

그렇다면 기존의 조직들이 어떻게 GG조직으로 변화될 수 있을지 그 예를 들어보자.

우선 GG人의 확산을 위해 중요한 역할을 해야 하는 학교를 먼저 살펴보자. 학교의 경우도 우선 생태계에 전혀 해를 끼치지 않는 구조의 시설물을 이용하여 학생들의 GG를 설계해 주고 그것을 위한 파트너나 공동체를 소개하고 그들과 함께 GG를 추구할 수 있도록 안내하는 형태의 교육과정으로 과감하게 전환되어야 한다. 지금처럼 지식을 주입하는 수업은 더 이상 지속되기 어려울 것이다. 미래의 학교는 GG人을 육성하는 곳이어야 한다. 정형화된 인재를 육성하는 것이 아니라 GG를 추구하는 방법을 찾아 그것을 구현하는 자아실현 교육이 가능해야 한다. 이는 인간의 역할이 기능실현에서 자아실현으로 전환되는데 따른 자연스러운 변화이다. 학생들에게 스스로 창조하는 능력을 키워주어야 한다. GG를 향한 열정을 불태울 수 있는 동기를 부여해야 한다.

학교제도를 바꾸기 어렵다면 당장에 ESGG 워크샵 같은 것을 개최하여 반드시 학부모들과 함께 워크샵을 진행하는 것도 방법이 될 수 있다. 자녀들의 미래가 부모세대와 많이 다르다는 점을 부모와 함께 이해하고 그 과정을 통해 진정 자녀들이 바라는 것과 이 사회가 필요로 하는 것을 찾아 진로를 결정하도록 도와야 한다. 그것이 좋은 성적으로 좋은 대학을 가서 좋은 직장에서 안정되게 사는 것이 아닐 확률이 높다는 점을 받아들이는 것이 중요하다.

이런 ESGG 워크숍을 통해 인류에게 닥친 이 급박한 상황을 이겨낼 전 사로서 자신이 해야 할 일을 찾는 것이 중요하며 그것이 향후 새로운 세 상에서도 쓰일 수 있는 지속가능한 과업을 찾아 주어야 한다. 그것은 예 를 들어 신재생에너지 개발, 기후기술 개발이나 자아실현 멘토, 또한 지 속가능한 순환경제 서비스 등이 될 수 있다. 돈을 많이 버는 것이 목표 가 아니라 GG를 추구하며 행복하게 사는 것이 목표가 되므로 경쟁보다 는 삶 자체에 의미를 두는 그런 과업일 수 있다. 어찌 되었던 우리가 미처 생각하지 못한 행복한 과업을 찾아 스스로 달릴 수 있게 해 주어야 한 다. GG를 위해 하는 일이라면 쓰레기를 처리하는 일이라도 의미 있고 행 복할 수 있음을 이해해야 한다.

 기업의 경우도 무작정 이익을 극대화하려는 기업은 더 이상 존속하기 어렵다. 소비자는 물론이고 투자자에게도 외면을 받을 것이 뻔하다. 그 래서 앞 다투어 ESG경영을 하려고 한다. 하지만 ESG보다 더 급한 것은 기후위기 극복이다. 이것이 해결되지 않으면 더 이상의 미래가 없기 때문 이다. ESG보다 기후위기에 명확하게 대처하려는 ESGG 를 통해 GG기업 이 되는 비전과 방향을 설정하고 구체적인 것들은 ESG를 활용하는 것 도 좋은 방법이다. 물론 GG기업이라고 해서 공익만 생각하고 이익을 포 기한다면 그 또한 지속가능하지 않을 것이다. 따라서 적절한 이윤을 확 보하여 지속가능하도록 하는 것이 우선이다.

 GG조직은 자신들과 같은 뜻을 추구하는 구성원들과 공동체를 이루 어 자아실현에 동반자적 관계를 유지하도록 조직문화를 구축해 나가야 한다. GG조직은 경우에 따라 기업이 될 수 도 있을 것이고 더 나아가 국가가 될 수 도 있다. 아마도 탐욕을 추구하는 지금의 기업과는 다른 형태가 될 것이다. 가능한 한 투자자나 정책 당국에서 ESGG 를 통해 이들을 평가하고 강력한 인센티브를 제공하는 등의 정책이 도입되어 빠르게 GG조직이 확산되기를 희망한다. 10년이라는 시간은 너무 짧은 시간임을 잊지 말아야 한다.

도시의 경우도 이러한 자급자족기반을 갖추고 도시기능을 디지털세계와 연계하여 내재화하고 같은 방법으로 GG人들이 공동체를 형성한 곳을 GG도시라고 정의할 수 있다. 도시역시도 Zero Basic과 Urban Basic 그리고 Culture Basic의 요소를 고려하여 지속가능한 도시를 구축한다면 GG를 구현하는 데 매우 큰 효과를 거두게 될 것이다. 기존의 도시는 이런 구조로 되어있지 않아 개조 자체가 매우 어려운 것이 사실이다. 그러나 기후위기로 인해 해수면 상승이나 지진, 홍수 등으로 기후난민이 대규모로 발생하는 경우 이들을 수용할 새로운 도시를 GG도시로 설계해서 대비한다면 매우 효과적일 것이다. 또한 자아실현을 추구하는 공동체의 색깔이 분명한 GG도시들이 군집을 이루어 메가시티로 확장되면 지금의 도시가 주는 이점도 고스란히 수용할 수 있다.

다시 한 번 강조하지만 자연으로부터 에너지를 얻고 쓰레기를 배출하지 않는 자급자족기반이 구축되고 디지털과 연계된 기존의 문명세계가 선별적으로 내재화되어 충분히 활용할 수 있고, GG를 추구하는 공동체와 함께 자아실현을 통해 세상에 존재하지 않던 GG가치를 창조해 내는 이런 GG도시가 많아지면 많아질수록 지구 생태계의 복원도 빨라질 것이다. 또한 GG도시는 개념 상 전 세계 어디에도 만들어질 수 있으며 그 수가 많아져도 생태계가 파괴될 위험이 없다는 점이 가장 큰 장점이다. 물론 현재의 기술로 구현되지 않는 부분이 있겠으나 이런 개념을 지향하는 것은 선택의 여지없이 수용해야 할 대안이다.

국가도 GG국가가 된다는 것은 기존의 국가 기조를 과감하게 개혁하는 것을 의미한다. 기후위기 대응을 최우선과제로 지구공동체의 일원으로서의 비전을 설정하는 국가를 GG국가라 할 수 있을 것이다. 이를 위해서는 탄소감축은 물론이고 적응과 회복력 그리고 상실과 폐기 등에 집중적인 정책연구가 필요하다. 경제정책기조를 바꾸고 지속가능성에 최우선을 두되, 경제정책도 기존의 기조를 혁명적으로 바꿀 수 있는 용기가 필요하다. 또한 국민들의 행복이나 삶의 기준이 GG에 맞춰지는 만큼 교육제도, 저출산제도, 복지제도 등이 변화될 것이다. 특히 국제협력을 강화하고, R&D 예산도 GG에 맞추게 된다면 지금과는 다른 정책에 사용될 수 있을 것이다.

이처럼 개인과 모든 조직이 작은 단위부터 완벽하게 재설계되어 확장되어야 한다. 어쩌면 거의 불가능한 것처럼 보이지만 기존의 기업들도 비전을 설정하는데 이익의 극대화만을 강조하는 경우는 거의 없다. 일부라도 사회적 책임 등을 내세우게 되는데 바로 이런 점을 좀 더 GG를 지향하는 형태로 구체적인 실행계획을 세우고 실천하는 것이 바로 GG기업이 되는 방법이다. 물론 지엽적인 사회적 공헌이 아니라 전 지구적 기여를 감안한 사회적 공헌이 되어야 하는 점이 다른 점일 수는 있다. 하지만 이미 고려하던 것을 좀 더 큰 차원에서 그리고 좀 더 적극적으로 추진하면 될 일이고, 이것을 추진하는 것이 모든 것을 포기하는 것에 비하면 나은 선택일 수 있는 것이기에 지금 당장 나서야 한다는 것이다.

ESGG 평가는 이들을 적극 장려하여 확산하는 데 도움이 될 수 있다. 각국 정부는 이런 ESGG 평가를 통해 GG개인, GG기업, GG조직 등에 대해 적극적인 인센티브를 제공해야 할 것이다. ESG의 경우는 S와 G 영역에 많은 지표가 있으나 E 영역에는 지표가 많지 않고 또한 정성적 지표가 많아 평가에 공정성에 논란이 있기도 하다. 그래서 ESGG는 명확한 목표제시와 구체적인 방법론 그리고 정량적 지표를 통해 평가할 수 있도록 새로운 평가방법도 함께 제시한다. 보다 구체적인 내용을 별도로 정리하겠지만 개념만 설명한다면 지속가능성(Sustainable) 영역은 특히 탄소감축 관련하여 정량적 평가가 가능한 지표를 채택하고 무엇보다 탄소감축 노력에 대한 성과 측정에 중점을 두고자 한다. 나머지 GG비전이나 Ethical 영역은 정성적 지표를 활용하겠지만 동일한 지향점과 동일한 윤리관을 지표로 삼기 때문에 논란의 여지가 줄어들 것으로 기대한다.

CHAPTER 04

다같이 ESGG

01
ESGG 한다는 것

인류는 사실 다양한 방식으로 기후변화를 대응해왔다. 수많은 국가들이 온실가스감축 목표를 정하고 실제로 줄이기 위해서 상당한 노력을 한 것도 사실이다. 다만 그 정도의 노력으로 부족했던 것이다. 전세계의 기후기술 기업들은 화석연료를 대체할 신재생에너지를 연구하고 개발하고 실질적으로 신재생에너지원으로 대체가 진행중에 있다. 이 역시 기후가 나빠지는 속도를 따라잡기 어려울 정도로 더딜 뿐이다. 새롭게 탄생하는 수많은 스타트업들이 쓰레기를 줄일 수 있는 혁신적인 아이디어로 온실가스 감축 기술에 도전하고 있고 조깅을 하면서 쓰레기를 줍는 줍깅이란 신조어가 나올 정도로 일반 국민들도 동참하고 있다.

기후변화에 대한 대응은 트랙을 달리는 경주에 비유할 수 있다. 압도적으로 1등을 하고 있는 기후변화의 속도를 개인, 기업, 단체, 정부, 국가 등이 죽을 힘을 다해 쫓아가지만 도저히 따라 잡을 수 없는 상황인 것이다. 따라서 1.5도의 Goal은 이미 기후변화가 이길 것이 확실하고 2도 또한 유사한 상황일 것으로 보인다. 과학적 분석결과 지금 인류가 기후변화를 대처하고 있는 노력을 다 모아도 3도에서 4도의 고지조차 인류보다 기후변화가 먼저 도달할 수도 있다는 보고서가 나오기 시작하였다.

따라서 국제사회는 기후변화에 어떻게 대처할 것이냐가 아니고 변화된 기후에 어떻게 적응하고 회복력을 가질 것인지를 논의하기 시작했다. 이러한 일련의 움직임을 이미 기후변화에 대한 대응을 포기한 것으로 봐야 할까? 하는 합리적인 의문을 갖게 한다.

ESGG한다는 것은 기후변화 대응을 위해 새롭게 무엇을 하자는 것이 아니다. 새로운 조직을 만들자고 하는 것도 아니다. 너무도 간단하고 지금 당장 누구라도 시작하고 실천할 수 있는 것이다.

GG(Global Good)를 갖는 것. 이것이 전부이다.

이 말도 어려운가? 그럼 더욱 간단히 지구를 사랑하는 마음을 갖는 것이다. 이게 출발이다. GG를 갖는 순간 많은 것이 변할 수 있다. ESGG를 실천하는 방법은 너무도 간단하지만 핵심은 공감과 동참에 있다. 인류가 모두가 '나 하나쯤이야'가 아니라 '나부터'라는 마음으로 동참했을 때 추진력이 생겨 선두에 달리고 있는 기후변화를 따라 잡을 수 있는 것이다.

〈 생성AI를 이용해 "기후위기 시대 달리기"를 표현한 그림 〉

02
ESGG 하기

인간은 다른 생물과 달리 '어떻게 살아야 하는가?' 하는 물음을 던진다. 동식물은 이런 질문을 하지 못한다. 모든 인간은 항상 어떤 행동을 할 것인지 결정하는 선택의 '고뇌'를 벗어날 수 없다. 선택에는 두 가지 종류가 있다. 그 하나는 목적선택, 즉 가치선택이며, 또 하나는 그런 가치를 실천하는 전략으로서 방법선택이다. 인간의 궁극적 목적 혹은 가치의 문제는 곧 삶의 "의미"에 관한 문제다. 그냥 되는 대로 사는 것이 아니라 옳게, 가장 보람 있게 살고자 하는 것이며, 삶의 의미를 찾자는 것이다. 사람답게, 즉 사람으로서 옳을 삶을 살자는 것이다. 인간은 싫건 좋건 '의미'를 찾는 동물이며, 그런 의미를 발견하지 못한 인간의 삶은 동물의 삶과 구별할 수 없다. 인간에게는 인간으로서 살고자 하는 내재적 필연성이 있다. 이러한 내재적 요청은 넓은 의미에서의 윤리적 요청이다. 하이데거의 해설에 의하면, 윤리라는 말은 원래 희랍어의 에토스(ethos)라는 낱말에서 나왔는데 그 낱말의 원래 뜻은 인간의 행동을 규제하는 도덕적 규범이 아니라, 우주 혹은 세계 속에서 인간이 가진 '거처' 혹은 '자리'를 뜻했다. 인간 삶의 의미는 자신의 본래 자리를 지키고 그곳에서 살아감으로써 비로소 생기는 내적 경험이다. 모든 세계관에는 이러한 윤리적 물음에 대한 자기 나름대로의 대답을 내포하고 있다.[1]

ESGG를 실천하기 위해 새로운 활동이 필요한 것은 아니다. 아이들, 어른, 기업과 국가 할 것 없이 모두가 지구인이라는 자각 속에 지구적 관점으로 세상을 보고, 본인의 생활을 보고, 사업을 보는 것이 필요하다. ESGG를 적극적으로 실천했던 모범 사례는 파타고니아라는 기업에서 찾아볼 수 있다.

파타고니아는 미국 캘리포니아주 벤투라에 본사를 두고 있는 1973년 이본 쉬나드가 설립한 아웃도어 회사이다. 파타고니아는 2019년 4월 "우리는 우리의 터전, 지구를 되살리기 위해 사업을 한다"라는 새로운 사명을 공표하였고 2020년 12월 쉬나드 회장 가족과 라이언 갤러트 최고경영자, 이사회, 법무팀 직원들이 모여 30억달러(약 4조 2천억원)에 달하는 지분 전체를 지구환경을 보호하는 데에 사용하기로 선언하였다. 그리고 파타고니아의 유명한 슬로건이 공표되었다.

"이제 파타고니아의 유일한 주주는 지구입니다"

쉬나드 회장은 암벽등반 1세대로써 본인 자신과 친구들을 위해 등반장비를 만드는 기술자로서 일을 시작하여 의류 사업까지 하게 되었다. 지구 온난화로 인한 광범위한 변화와 생태계 파괴, 그리고 파타고니아

1 박이문(1998), 「문명의 미래와 생태학적 세계관」, 당대, p.34-37.

의 비즈니스가 환경 문제의 일부임을 알게 된 후부터 쉬나드 회장은 기존 기업들의 관행을 바꾸기 시작하였다. 옳은 일을 하면서도 사업을 운영하는데 충분한 돈을 벌 수 있다면 파타고니아는 고객들과 다른 기업들에 영향을 미칠 수 있고 자본주의 시스템에도 변화를 만들 수 있을 것으로 믿은 것이다. 제품에서 환경 피해를 최소화할 수 있는 소재 사용을 시작했고 매년 매출의 1%를 전 세계의 환경 단체들에게 기부하였다. 특히 파타고니아가 추구하는 가치가 변하지 않도록 회사의 정관에 "우리는 우리의 터전 지구를 되살리기 위해 사업을 합니다."를 명문화했다. 이는 윤리적이고 지속가능한 지구적 선을 추구하는 ESGG 핵심을 회사 정관에 명문화 했다는 점에서 ESGG의 철학을 가장 잘 지킨 사례로 볼 수 있다. 최근 미국 시가총액의 약 30%를 차지하는 기업들의 연합체인 비즈니스라운드테이블(BRT, Business Round Table)에서 기업의 목표를 주주 최우선에서 이해관계자에게 가치를 제공하는 것으로 재정의하는 선언을 하였다. 주주중심주의로 돌아가던 기업의 경영을 주주, 소비자, 임직원, 정부, 협력사 등 기업과 관계된 모든 이해관계자의 이익을 고려하겠다고 천명한 것이다. ESG의 등장으로 기업의 목표가 주주에서 이해관계자까지 확장된 것은 매운 반길만한 것이지만 이제는 그 목표가 지구적 관점으로 확대되어야 하는 시점이다. 따라서 상기한 파타고니아의 결정은 ESG 및 ESGG 실천의 대표적인 모범사례로 볼 수 있는 것이다.

파타고니아는 정관에 지속가능한 지구적 관점을 천명하는 데에서 그치지 않고 구체적인 실천전략을 수립해서 실행하고 있다. 파타고니아는 자칭 '지구세'라고도 부르는 〈1% for the Planet〉 지원금을 통해 전 세계의 강과 하천, 숲들과 산, 공기를 지키고 되살리기 위해 일하는 비영리 환경 단체들을 지원하고 있다. 그리고 제품을 만드는 원단의 87%를 친환경 소재로 만들고 모든 면 제품은 100% 유기농 순면을 사용한다. 또한 파타고니아는 강력한 사회적 책임 프로그램을 만들었고, 파타고니아 공급망 내에 있는 노동자와 지역 사회에 미치는 영향을 분석하여 관리하고 있다. 파타고니아의 목표는 단순히 피해를 최소화하는 것을 넘어, 사람들의 삶에 긍정적인 영향을 가져다주는 것이다. 무엇보다도 좋은 품질의 제품을 만들어 소비자가 옷을 최대한 오래 입을 수 있도록 하고, 이로 인해 불필요한 소비를 줄일 수 있도록 하는 것이다. 왜냐하면 옷의 수명이 9개월 연장되면 생산 공정에서 발생하는 탄소와 물, 기타 산업 폐기물이 최대 30% 감소되는 것과 같은 좋은 효과를 낼 수 있기 때문이다.

파타고니아가 ESGG의 대표적인 실천 사례가 된 이유는 단순히 지구적 관점의 ESGG를 선언하는 것을 넘어 ESGG 실천 계획을 수립하고 전 임직원이 이를 실행하도록 기업을 운영하여 새로운 자본주의를 위한 파타고니아의 도전이 널리 알려질 수 있도록 노력도 함께 한다는 데에 있다. 쉬나드 회장이 직접 전한 메시지를 ESGG를 추구하는 모든 기업이 되새겨 보아야 한다. "지구는 거대하지만 지구가 가진 자원은 유한합니다. 인류는 지구의 한계를 확실하게 넘어섰습니다. 하지만 지구는 매우 뛰어난 회복 능력을 갖고 있습니다. 진심을 다하여 행동한다면 우리는 지구를 되살릴 수 있습니다"

파타고니아아는 현장에서 가장 앞장서 헌신하는 지역 환경 단체들과
환경 문제에 관심을 갖는 모든 분들의 마음이 지구를 구할 수 있는 힘
이 될 수 있다고 믿으며 이를 실천하고 있다.

파타고니아의 국제 환경기금 지
원을 받아 팔색조의 고향 노자산
을 지키고자 노력하고 있는 국내
사례를 살펴보자. '팔색조의 고향
노자산을 지켜라' 프로젝트는 팔
색조 등 멸종위기종 30여 종이 서
식하는 거제도 최고의 생물다양성
을 가진 노자산 일원을 골프장 개
발로부터 막아내기 위한 활동이

〈 원종태 장용창 등 '노자산지키기시민행동'에서
제공한 팔색조와 긴꼬리딱새 〉

었다. 많은 학생 등 시민들이 참여하여 골프장 개발 예정지인 노자산에서
팔색조 둥지 3개를 발견하는 등 성과를 냈다.

노자산에서 천연기념물이자 멸종위기종인 붉은배새매의 번식을 확인했
고 멸종위기 포유류인 삵, 멸종위기 조류인 긴꼬리딱새 등의 서식지를 발

〈 노자산의 긴꼬리딱새, 멸종위기 2급 〉

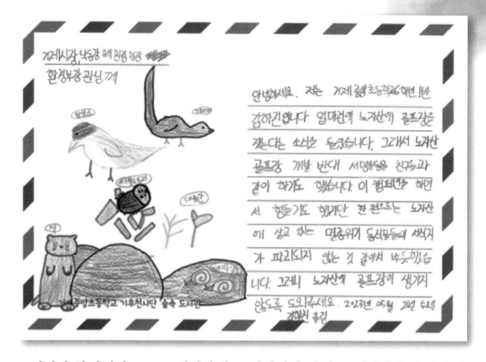

시민이 참여했던 ESGG 실천사례로 세계에서 가장 오염되었던 마산만과 봉암갯벌의 생태회복 사례도 있다. 지금은 없어졌지만 마산 월포 해수욕장은 하얀 모래사장과 모래언덕 뒤로 소나무 숲이 펼쳐져 있는 최고의 휴양지로서 전국적으로 유명한 곳이기도 하였다. 그 이후 마산은 수산업과 항구도시, 창원은 국가산업단지, 진해는 군항도시로 발전했다. 우리나라의 경제발전에 크게 기여하였지만 계속되는 매립과 산업화, 도시화로 마산만의 해양생태계가 파괴되었고 죽음의 바다로 불리게 되었다.

하지만 마산만을 살리기 위한 시민들의 정성으로 봉암 갯벌이 살아났다. 시민들은 봉암 갯벌을 되찾기 위한 간절한 마음으로 갯벌 일대를 청소했다. 학생들은 이 갯벌을 교육의 장으로 활용했고, 시민단체에서도 해당화를 심고 솟대를 세우는 등 갯벌을 지키기 위한 활동에 앞장섰다. 마산해양수산청에서도 철새들을 위한 인공섬 과 갈대숲을 조성하고 이들을 관찰할 수 있는 탐조대를 조성하였다. 국내 첫 갯벌 생태 학습장이 생긴 것이다.

그 노력의 결과로 갯지렁이, 게 등 갯벌생물과 꼬시락, 도다리 같은 물고기들이 다시 나타났고 갈매기, 오리 및 도요새 등의 각종 철새들도 이곳으로 다시 찾아들었다. 봉암갯벌이 살아나고 있다는 증거였다. 도시가 통합되기 전인 2005년부터 국내 최초의 연안오염총량관리제를 준비하고 시행하면서 이미 시민참여의 거버넌스 경험을 쌓고 있었던 것이 크게 도움이 되었다.

현재 마산만 유역에는 은어와 수달이 발견되고 소라, 해삼이 서식하는 생물다양성이 풍부한 해양생태계로 회복되었다. 마산만의 사례는 연안 거버넌스 모델로 국내외에 우수사례로 소개되고 있다. 과학조사를 기반으로 한 정부, 기업, 시민·환경단체, 지역주민 등 다양한 이해관계자들의 협력이 없었다면 불가능한 일이었다. 바다는 공유자원이다. 모두의 것이지만 누구의 것도 아니다. 그렇기 때문에 협력적 거버넌스로 관리되지 않으면 붕괴라는 공유의 비극을 겪게 된다.

03
ESG를 돕는 ESGG

최근 기업 경영의 최대 화두는 ESG 경영이라 해도 과언이 아니다. ESG는 기업의 비재무적인 요소인 환경(Environmental), 사회(Social), 지배구조(Governance)를 일컫는 말로 기업이 활동하는 데 있어서 환경을 고려하고, 사회적 책임을 다하고 지배구조를 개선해야 지속가능한 발전이 가능하다는 것을 의미한다.

ESGG(Ethical Sustainable Global Good)는 ESG와 철자가 비슷하긴 하지만 관점에 있어서 중요한 차이가 있다. ESG경영 활동과 관련하여 공시 의무화가 예고되고 있고 EU의 ESG 공급망 실사법은 수출을 하는 기업을 압박하고 있는 상황이다. 이처럼 ESG는 개인이나, 국가보다는 기업에 초점을 맞추고 있다.

ESG는 1997년부터 2006년까지 UN사무총장을 역임한 코피 아난(Kofi Annan)이 1999년 1월 29일 스위스 다보스포럼에서 연설한 "저는 비즈니스 리더인 여러분과 우리 유엔이 세계 시장에 인간적인 면모를 부여할 가치와 원칙을 공유하는 글로벌 콤팩트를 시작할 것을 제안합니다."[1]가 그 탄생의 시작이었다. 이 연설은 계기로 2000년 UN 글로벌 콤팩트(United Nations Global Compact, UNGC)가 출범하게 되었고 지속가능한 경제를 지금도 견인하고 있다. UNGC는 현재 전 세계 166개국의 23,000개 이상의 기업이 참여하고 있으며 기업이 인권, 노동권, 환경, 사회적 책임에 관한 10대 원칙을 준수하여 책임감 있게 비즈니스를 수행하도록 지원하고 있다.

코피 아난 사무총장의 연설이 설득력을 얻은 큰 이유 중에 하나가 기후위기가 가속화되었기 때문이다. 1992년 유엔기후변화협약(UNFCCC)가 채택되고 1997년 38개국 선진국이 온실가스감축을 약속했던 교토의정서 채택이후 여전히 기후위기가 가속화되고 있던 시기라 지속가능성에 대한 주장은 주요했고 파급력이 있었던 것이다.

ESG란 단어는 결국 2004년 IFC(International Finance Corporation) 보고서에 실린 "Who Cares Wins?"에서 환경, 사회 및 기업 지배구조에 관한 언급이 처음 등장했다. 이렇게 ESG가 탄생하였고 지속가능금융 시장이 열린 것이다. 특히 2006년 UN책임투자원칙(UN Principles of Responsible Investment, UNPRI)이 공표되고 수많은 자산운용사 및 기관투자자가 투자 프로세스에 ESG 이슈를 통합할 것을 약속한바 있다. 즉, ESG가 등장한 배경에는 기후변화 및 경제위기 같은 전 지구적인 위기가 있었다.

---

1 I propose that you, the business leaders···and we the United Nations initiate a Global Compact of shared values and principles, which will give a human face to the global market.

ESG와 기후변화 이슈의 Mix

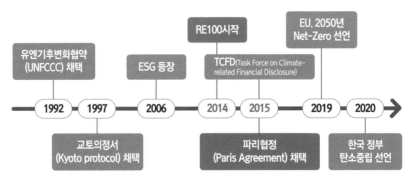

〈 ESG와 기후변화 이슈 〉

　ESG는 기후변화가 점점 악화되고 지속가능개발 이슈가 강해지면서 주주가치를 최우선시 했던 가치가 주주 외 소비자, 협력사, 지역사회 및 정부 등 모든 이해관계자의 가치를 우선시 하는 방향으로 확장되어 왔고 ESG의 'E'에 해당하는 환경 이슈 또한 실제로 탄소를 감축하는 노력을 정량화하는 방향으로 강화되고 있다.

　ESG가 등장한지 20년이 된 지금 기업의 기후위기 대응과 ESG는 뗄레야 뗄 수 없는 관계가 되어버렸다. G20 산하의 금융안정위원회(FSB)는 2015년 '기후 관련 금융정보 공개 태스크포스'(TCFD)를 설립하여 금융 부문이 기후 관련 이슈를 어떻게 고려할 수 있는 지 검토하였고 ESG 평가기관들도 각자의 ESG 평가지표에 TCFD의 권고안을 반영하고 있다. 또한 IFRS(International Financial Reporting Standards, 국제회계기준) 재단 이사회는 2021년 글래스고에서 열린 COP26에서 '국제지속가능성기준위원회, ISSB' 설립을 발표하였고 ISSB는 투자자와 금융 시장의 요구에 초점을 맞춘 고품질의 포괄적인 글로벌 지속가능성 공시기준이 되는 표준을 개발하는 것을 목표로 한다. 이러한 지속가능성 공시의 핵심이 바로 ESG를 공시기준에 포함시키는 것이다.

대한민국 또한 상장기업의 ESG 의무공시 시행을 앞두고 있다. 또한 EU집행위원회는 2022년 '기업 지속가능성 실사지침 (Directive on Corporate Sustainability Due Diligence)를 발표하였고 유럽에 수출하는 국내 기업들이 본 지침에 따른 활동과 증명을 하지 않을 경우 수출길이 막힐 수 있는 위기에 놓이고 있다.

그런데 여기서 관점을 달리 생각해보고자 한다. ESG가 20년동안 발전해온 발자취와 국제사회의 각종 노력 등은 별도의 책으로 발간해도 될 정도로 방대한 활동을 담고 있는데 여기서 ESG가 최초로 등장하는 계기를 만들었던 코피 아난 사무총장의 연설을 되새겨보면 "인간적인 면모를 부여할 가치와 원칙을 공유"라는 구절이 눈에 들어온다. 글로벌 콤팩트가 창설되었던 그 핵심가치는 인간적인 면모를 부여한다는 것이었다. 이 핵심가치는 다분히 GG(Global Good)을 지향하고 있음을 알 수 있다. 대한민국의 전통사상 관점에서 보면 홍익(弘益)을 말하고 있는 것이다.

하지만 실제로 ESG의 지향점이 GG를 지향하고 있는지 숙고해볼 필요가 있다. ESG가 기후위기 대응 이슈와 결합되면서 다양한 컴플라이언스가 만들어지고 있는데, 결국은 투자자 관점이 강하다. 또한 지속가능성 또한 기업의 지속가능성에 더욱 초점이 맞추어져 있다. 물론 ESG 경영은 기업이 책임져야 할 사회적 가치 실현과 기후위기 해결 등 결국 GG를 실현하기 위한 기업의 책임을 규명한다는 측면에서 중요한 의미가 있지만 기업의 비전이 궁극적으로 투자자를 위한 것인지 지구를 위한 것인지 그 지향점을 무엇으로 정하느냐는 실제 실행에 있어 어떤 경우에는 현재의 실행 계획에 상당한 차이를 발견하거나 또는 미세한 조정이 필요할 수 있다. 우리가 부산을 간다고 정하고 출발을 한다면 가는 길은 달라도 최적의 길을 선택하기 용이하겠지만 부산을 갈지 창원을 갈지 잘 모르고 출발한다면 중간에서 좌충우돌 하게 될 확률이 더욱 높아지는 것처럼 ESG의 지향점도 확실하게 GG를 지향하는 것으로 정렬되기를 희망하는 것이다.

우리는 ESG경영과 함께 자주 접하는 용어가 '그린워싱'인데, 이는 겉보기에만 환경을 고려하고 사회적 책임을 다하고 투명경영을 하는 것처럼 하는 사례들을 말하는 것이다. 사실 대한민국만 해도 그린워싱의 사례가 너무 많지만 본 책에서 일일도 소개하지는 않기로 한다.

ESG 활동이 지속가능성(Sustainability)을 강조하고 있지만 지향점이 GG로 명확하게 설정되면 실행방법이 보다 명확해 질 수 있다는 점을 상기하자는 것이 ESGG가 지향하는 바이고, 여기에 하나 더 추가한 것이 바로 지구적 윤리규범을 만들고 따르자는 것이 ESG와 다른 점이라 할 수 있을 것이다. 그러다 보니 ESGG는 새로운 지구공동체를 지향하되 우선적으로 기후위기 극복을 위한 지속가능한 방법 찾기와 지구적 윤리규범 형성하기를 강조하는 측면이 더 강하다.

ESGG는 목표지향적으로 보다 효과적으로 ESG를 실천하려는 기업에 핵심적인 도구가 될 수 있다고 생각한다. 또한 기업을 넘어서 개인과 국가 및 국제사회가 GG마인드를 가지고 ESGG를 실천하면 지속적으로 발전할 수 있는 지구공동체를 후세에 물려줄 수 있을 것이다.

04
기업의 ESGG 실천하기

SGG를 실천하는 것은 GG를 갖는 것에서 출발한다. GG를 향한 모든 구체적인 활동은 기업이 행하는 ESG활동, 개인이 행하는 줍 깅, GG를 위해 국가간 협력하는 모든 것들이 이에 해당한다. 이 장에서 는 기업이나 국가 등의 조직이 ESGG를 실천하기 위한 ESGG 프레임워 크 사례를 제안해 보고자 한다. 중요한 것은 이것은 예시이며 프레임워 크는 각자의 방식으로 누구든지 설계를 할 수 있다.

여기서 제안하고자 하는 ESGG는 주로 기업 사업계획 수립이나 ESG의 실행계획 구축 등에 사용되는 프레임워크와 크게 다르지 않다. ESGG 의 프레임워크는 크게 세 가지로 구성할 수 있다, 첫째는 철학적 가치 기 반의 ESGG의 경영철학과 조직문화 구축이며 둘째는 ESGG 가치체계로 조직의 일반적인 전략 체계와 유사하게 기본적으로 미션(Mission)과 비 전(Vision), 목표(Goal)와 핵심가치(Core Value), 전략(Strategy) 등을 그 핵심적인 요소를 구성하는 것이다. 이는 ESGG를 실현하는 과학적이 고 체계적인 수단이 될 수 있다. 셋째는 ESGG 확산이다.

ESGG의 프레임워크는 이 세 가지 구성요소가 서로 유기적으로 연관되어 작용할 때 비로소 커다란 성과를 창출할 수 있다.

철학적 가치 기반 〉	가치체계 : 과학적 방법으로 실행 〉	ESGG 확산
ESGG 경영철학과 조직문화 구축	미션과 비전, 목표와 핵심가치, 전략	ESGG 확산

ESGG 체계의 구성요소와 골격

ESGG 프레임워크의 전체 내용은 철학적 기반의 ESGG 경영철학과 조직문화 구축, ESGG 가치체계 및 모범사례 발굴, 출판과 교육 등을 통한 글로벌 확산 모형이다. ESGG의 기본적인 구성요소와 골격 및 핵심 내용을 바탕으로 좀 더 구조화, 모형화하면 아래와 같이 〈그림 2-1〉과 같이 나타낼 수 있다. 본 서적에서는 ESGG의 프레임워크 전제 내용 중에서 핵심 내용인 ESGG 가치체계, 즉 미션(Mission), 비전(Vision), 목표(Goal), 핵심가치(Core Value)와 전략(Strategy)을 중심으로 설명하고자 한다.

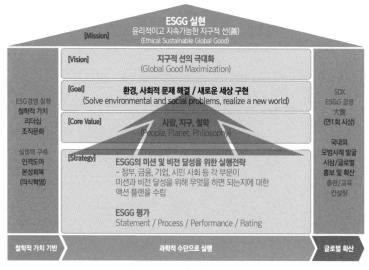

〈 ESGG 체계 모형도 〉

ESGG의 미션은 ESGG를 실현하는 것 그 자체이다. 즉, 윤리적이고 지속가능한 지구적 선(善)(Ethical Sustainable Global Good)의 실현이 ESGG의 궁극적인 미션이다. ESGG의 미션, 즉 "윤리적이고 지속 가능한 지구적 선"의 실현이라는 미션 하에 정부, 기업, 금융기관이나 일반 시민들은 각 조직이나 개인의 상황에 맞도록 미션을 수립하여 실행하는 것이다. ESGG 체계(Framework) 안에서의 미션은 모든 부문(정부, 기업, 금융기관, 일반시민사회 등 모든 구성원)을 포괄하는 개념이다.

ESGG의 비전은 지구적 가치 극대화(Global Value Maximization)를 추구하는 것이다. 이는 기존의 이익 극대화 내지 주주 가치 극대화와 차원이 완전히 다르다. 지금의 환경, 사회문제를 효과적으로 해결하지 못하여 지구가 건강성을 상실하면 정부, 기업, 개인도 지속할 수 없게 된다. 우리는 지구라는 큰 생명체의 일원인 동시에 운명공동체이다. 따라서 ESGG는 전체적 생명인 지구의 가치를 극대화하는 것을 비전으로 삼는다. ESGG의 비전, 즉 "지구적 가치 극대화"라는 비전하에 정부, 기업, 금융기관이나 일반 시민들은 각 조직이나 개인의 상황에 맞도록 비전을 수립하여 실행하는 것이다. ESGG 체계(Framework) 안에서의 비전은 모든 부문(정부, 기업, 금융기관, 일반시민사회 등 모든 구성원)을 포괄하는 개념이다.

ESGG의 목표는 환경, 사회적 문제를 해결하고 새로운 세상을 구현하는(Solve environmental and social problems, realize a new world) 것이다. ESG의 목표인 환경, 사회적 문제를 해결하는 것은 물론이고,

운명공동체로서의 지구상에 함께 잘 사는 새로운 세상을 **구현함**으로써 근본적인 차원의 지속가능성을 확보하는 것이 ESGG의 목표이다. ESGG의 체계에서 제시된 미션, 비전에 정렬(Alignment)하여 각 부문이 상황에 맞도록 미션과 비전을 수립하듯이 목표 또한 각 부문의 상황에 맞도록 설정하여 실행한다.

ESGG는 가치체계도 기존의 ESG와 차별화된다. 즉, 사람(People), 지구(Planet), 철학(Philosophy) 등 '3P'를 핵심가치(Core Value)로 한다. 전통적으로 기업은 열정, 이익추구, 주주 가치 극대화 등을 가장 중요한 핵심가치로 여겼다. 그러나 그 결과 환경, 사회적 문제가 초래되고 지속가능성에 심각한 의문이 야기되면서 그에 대한 기반으로 '3가지 바탕선(Triple bottom line)'이라는 개념이 생겨났다. '3가지 바탕선'은 '3P'라고도 불리는 세 가지 핵심 요소를 강조한다. 3P는 People(사람), Planet(지구), Profit(이윤)으로 구성된다. 이 개념은 1994년 기업의 지속가능성과 책임을 촉진하는 비영리기관인 SustainAbility의 공동 창립자 John Elkington이 『Cannibals with Forks: The Triple Bottom Line of 21st Century Business』라는 저서에서 처음 소개했는데, 그 이후 경제적 가치와 더불어 환경적 가치, 사회적 가치를 함께 고려하는 '3P'가 지속가능성과 ESG를 논하는 이들에게 상식으로 받아들여지게 되었다.

그러나 ESGG 관점에서 보면 이윤(Profit)은 사람(People)과 지구(Planet)를 챙기면서 그 기반이 되는 철학적 가치를 확고히 하는 과정에서 저절로 얻어지며, 오히려 그것이 중장기적으로 더 큰 이윤을 창출하는 동인이 된다는 관점을 갖고 있다. 따라서 ESGG는 사람(People), 지구(Planet), 철학(Philosophy)으로 구성된 '3P'를 '3가지 바탕선(Triple bottom line)'으로 규정하고, 그것을 핵심가치로 삼는 것이다.

ESG의 '3P'	ESGG의 '3P'
사람(People), 지구(Planet), 이윤(Profit)	사람(People), 지구(Planet), 철학(Philosophy)

〈 ESG와 ESGG의 '3P' (3가지 바탕선) 〉

핵심가치 또한 ESGG 체계에서 제시된 3P의 기반 하에 각 부문이 상황에 맞도록 핵심가치를 설정하여 실행한다.

ESGG를 실현하기 위한 전략은 두 가지다. 그 하나는 ESGG 체계에서 제시된 통합모형의 미션과 비전을 달성하기 위해 각 부문이 각자 상황에 맞는 실행전략, 즉 액션플랜(Action Plan)을 수립하는 것이다. 이 실행전략은 반드시 미션, 비전과 정렬(Alignment)되도록 수립하는 것이 중요하다. 왜냐하면, 이들이 서로 정렬되어 있지 않으면 수립된 전략이 아무리 잘 실행되어도 미션 및 비전을 달성할 수 없기 때문이다.

ESGG를 실현하기 위한 또 다른 핵심 축은 ESGG 평가(Assessment)이다. ESGG를 추구하는 조직은 ESGG 선언문을 만들고, 경영전략에 ESGG Process를 반영해야 하며 이에 대한 성과측정 및 모니터링을 위해 전략을 실행 가능한 핵심성과지표(KPI)로 전환하여 관리한다. 또한, 이들이 체계적으로 잘 이행될 수 있도록 조직문화를 재정립하고 조직에 반영하여야 한다. ESGG 평가는 이러한 일련의 전체 프로세스와 성과를 평가(Assessment)하고 그 결과를 환류 함으로써 실행력을 지속적으로 높이는 방안으로 삼는다.

ESGG의 가치체계는 ESGG의 프레임워크(Framework) 중에서 가장 핵심적인 내용이며 크게 미션과 비전을, 실행 프로세스로 조직체계 구축 및 역할 정립, 전략수립 및 KPI와 변화관리를 통한 내재화에 대해 각각 설명하고자 한다. 독자들의 이해를 돕기 위해 기업의 예를 들어 각각의 내용과 수립방법을 설명하고자 한다.

ESGG가 조직에서 올바르게 운영되기 위해서는 무엇보다도 CEO 또는 최고경영진의 ESGG에 대한 철학이 명확하게 설정되어야 한다. ESGG가 기존의 수익 중심의 경영시스템 틀 안에서 설정된다면 ESGG의 추진과 실행은 불가능하기 때문이다. 따라서 ESGG에 대한 CEO의 결단과 의지가 가장 중요한 요소이다. 일반적으로 Statement(선언문)는 Mission Statement(미션 선언문)과 Vision Statement(비전 선언문)로 구분할 수 있으며 이에 관한 내용은 다음과 같이 설명할 수 있다.

미션 선언문은 조직의 존재 이유로서 조직의 목적과 가치를 명확하게 표현해주는 간결한 선언문이다. 따라서 조직이 미션 선언문을 작성할 때에는 조직의 존재 이유가 무엇인지를 먼저 생각하면서 아래의 내용을 고려하여 작성한다.

- 조직이 하고자 하는 임무는 무엇인가?
- 조직이 추구하는 가치와 이상은 무엇인가?
- 조직이 어떤 사회적 문제를 해결하고자 하는가?

주요한 기업들의 미션 선언문에 대한 예시는 아래와 같다.

회사명	Mission Statement(미션 선언문)
Microsoft	Empower every person and every organization on the planet to achieve more
Google	To organize the world's information and make it universally accessible and useful
사우스웨스트 항공	친절한 태도와 회사/개인에 대한 자부심을 품고 제공되는 고객서비스
Walt Disney	엔터테인먼트, 정보 제공업체 중 세계 최고의 프로듀서이자 공급자가 되는 것이다.
파타고니아	우리는 우리의 터전, 지구를 되살리기 위해 사업을 영위한다.
듀퐁	인류 번영에 필요한 필수적인 혁신을 통해 세상을 바꾼다.

〈 주요 기업들의 미션 선언문 예시 〉

주요 기업들의 미션 선언문에서 알 수 있듯이 미션 선언문은 조직의 존재 이유를 간단하고 명확하고 가장 기본적인 사항에 초점을 맞춰 작성되었음을 알 수 있다. 이러한 점을 고려하여 ESGG의 미션 선언문은 ESGG의 사상에 맞도록 조직의 윤리적이고, 지속 가능한 지구적 선을 추구한다는 기본적인 존재 이유가 간결하고 명확하게 표현되어야 한다. 이를 토대로 ESGG의 미션 선언문에 들어갈 내용을 제시하면 다음과 같다.

★ ESGG의 미션 선언문 예시

- 우리는 기후변화에 적극적으로 대응하고 윤리경영을 통하여 조직의 지속가능성과 사회적 책임을 구현한다.
- 우리는 전 지구적 선을 실현하기 위해 환경, 사회적 문제를 해결하고 새로운 세상을 구현한다.
- 우리는 지속 가능한 비즈니스 모델과 제품 혁신을 통하여 전 지구적인 선을 실현한다.

비전 선언문은 조직이 미래에 이루고자 하는 미래모습을 기술하는 간단한 선언문이다. 비전 선언문은 조직이 장래에 어떤 위치에 자리 잡기를 원하는가를 광범위하게 기술하는 것으로서 우리 조직은 '이러해야 한다.'. '이렇게 되고 싶다'라는 점을 포괄적으로 설정하는 것이라 할 수 있다. 따라서 조직이 비전 선언문을 작성할 때에는 조직의 성취하고자 하는 미래모습을 생각하면서 아래의 내용을 고려하여 작성한다.

- 조직의 미션 선언문과 일치하는 방향은 무엇인가?
- 조직의 사업 영역은 무엇이고 어느 정도 성장하고자 하는가?
- 조직의 구체적인 목표는 무엇인가?

주요한 기업들의 비전 선언문에 대한 예시는 아래와 같다.

회사명	Vision Statement(비전 선언문)
아마존	고객이 온라인에서 구매하고 싶은 모든 것을 찾고 발견할 수 있는 지구에서 가장 고객 중심적인 기업
사우스웨스트 항공	세계에서 가장 사랑받고, 가장 많이 비행하고, 가장 수익성이 높은 항공사
테슬라	지속 가능한 에너지로의 전환을 가속
파타고니아	최고의 제품을 구축하고 불필요한 피해를 일으키지 않으며 비즈니스를 통해 환경 위기에 대한 솔루션을 고취하고 구현
IKEA	전방산업과 후방산업을 포함한 전체 가치사슬에서 인류와 지구에 긍정적인 영향을 주는 기업
LG전자	고객을 위한 가치 창조와 인간 존중의 경영을 바탕으로 한 정도경영을 통해 궁극적으로 달성하고자 하는 '일등 LG'는 시장에서 인정받고 시장을 인도하는 선도기업

〈 주요 기업들의 비전 선언문 예시 〉

이상의 주요 기업들의 비전 선언문에서 알 수 있듯이 비전 선언문은 조직의 미래모습을 간단하고 명확하게 작성되었음을 알 수 있다. 이러한 점을 반영하여 ESGG의 비전 선언문은 ESGG의 사상에 맞도록 조직의 윤리적이고, 지속 가능한 지구적 선을 추구한다는 내용이 조직의 미래모습으로 간결하고 명확하게 표현되어야 한다.

★ ESGG의 비전 선언문 예시

● 기후변화 대응 솔루션의 글로벌 리더
● 환경, 사회적 문제를 해결하고 새로운 세상을 구현하는 OO 산업의 전문기관(기업)
● 그린 비즈니스 모델과 제품 혁신을 통하여 글로벌 선을 구현하는 초일류 기업
● 가치사슬 전반에 글로벌 선을 추구하는 혁신기업
● 제품 혁신과 지속 가능한 수익창출을 통한 사회적 가치 극대화

조직이 Mission Statement(미션 선언문)와 Vision Statement(비전 선언문)를 ESGG의 개념에 맞도록 새롭게 설정하였다면 이를 실행하기 위한 실행 프로세스 정립이 필요하다. 즉, 미션과 비전 선언문을 어떻게 관리하고 실행할 것인가에 대한 전체적인 관리 프로세스가 필요한 것이다. 미션, 비전 선언문을 실행하기 위한 프로세스는 크게 조직 차원의 관리 프로세스, 전략 수립(액션플랜) 및 새롭게 설정된 미션, 비전 선언문 전파와 전략 실행을 위한 변화관리 등으로 구분할 수 있으며 이러한 실행 프로세스를 통해 조직의 새로운 미션, 비전, 실행전략 등이 체계적으로 이행될 수 있도록 변화관리를 통한 내재화가 필요하다.

ESGG가 조직 내에서 제대로 추진되고 운영되기 위해서는 ESGG에 대한 전체적인 관리를 할 수 있는 조직체계가 구축되어야 한다. 이것은 기존의 ESG를 체계적으로 관리하기 위해 조직체계가 구축되었던 ESG 위원회 또는 관련 조직을 조직하여 ESG를 관리하는 것과 유사한 개념이다. ESGG의 개념이 기존의 ESG보다 좀 더 포괄적이고 중요한 이슈를 다루고 있는바 이에 대한 ESGG 위원회와 경영진의 역할은 새로이 정립

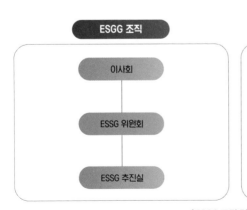

ESGG 조직

- 이사회
- ESSG 위원회
- ESSG 추진실

ESGG 위원회 역할

· ESSG Mission, Vision Statement 설정
· ESSG 전략 추진과제 및 성과 관리
· 경영에 중요한 ESSG 추진 계획 및 활동
· 중요한 전략적 이사회 의사결정 사항
· 윤리, 지속가능, 글로벌 선 관련 주요 리스크 요인 및 이슈 사항 대응 방안
· 국내외 주요 ESSG 이슈 등 이해관계자 커뮤니케이션 관련 사항
· ESSG 역량 개발 및 내재화를 위한 지원
· 기타 ESSG 또는 전략관련 주요 현안으로 위원회의 검토가 필요하다고 판단되는 사항 및 이사회가 위임한 사항

〈ESGG 조직 및 역할〉

할 필요가 있다. 아래의 그림은 ESGG를 관리하기 위한 조직의 구성도 및 역할을 예시하면 아래와 같다.

전략수립(액션플랜)은 조직의 미션 선언문, 비전 선언문을 구체적으로 실행하는 달성방안을 의미한다. 다른 말로 표현하면 실행전략과 같은 개념이다. 전략의 정의는 학자들에 따라 다양하게 정의되고 있다. 전략 개념이 다양하게 정의되고 해석된다는 것은 달리 말한다면 전략수립의 초점을 어디에 맞추느냐에 따라 전략수립 방법이 다르다는 의미이다. 그 중에서 가장 널리 인용되고 있는 대표적인 전략의 정의는 아래와 같다.

학자 이름	전략 정의(Definition of Strategy)
Glueck(1980)	전략은 기업의 목표 달성을 위한 통합된 액션플랜(Integrated action plan)이다
M. Porter(1990)	전략은 가치 있고 독특한 차별화된 포지션을 만드는 것이다
K. Ohmae(1988)	전략의 핵심은 매우 뛰어난 고객가치를 창출하는 것이다
J. Barney(1997)	전략은 기업이 성과를 향상할 수 있도록 자원을 할당하는 것이다

〈 대표적 전략 정의(Definition of Strategy) 〉

위의 예시에서 알 수 있듯이 전략의 정의는 다양하므로 전략은 특정 목적에 따라 여러 가지로 활용될 수 있다. 예를 들면, 기업의 차별화 전략을 수립하고자 할 때 Porter의 개념을, 기업의 고객 가치 전략을 수립하고자 할 때 Ohmae의 개념을, 투자, 인수합병, 사업부 확장 및 선택과 집중에 대한 전략을 다루고자 할 때 Barney의 자원 할당(Resource Allocation) 개념을 활용한다. 이와 마찬가지로 기업의 미션, 비전 및 경영목표를 달성하고자 실행전략 등을 논의할 때에는 Glueck의 통합된 액션플랜(Integrated action plan)을 가장 많이 활용한다. 따라서 ESGG의 실행 프로세스를 위한 전략은 Glueck의 통합된 액션플랜 개념을 활용하여 예를 제시하였다. 조직은 미션 선언문과 비전 선언문이 결정되면 이를 실행하기 위한 "To do List", 즉 조직이 무엇을 하면 되는지에 대한 전략, 즉 통합된 액션플랜을 수립해야 한다. 액션플랜을 수립하는 방법은 여러 가지가 있으나 가장 일반적인 방법으로 외부환경 분석과 내부환경(역량)분석을 통하여 조직이 ESGG 관점, 즉 윤리적이고 지속 가능한 전 지구의 선을 구현한다는 관점에서 조직의 실행전략을 수립한다.

일반적으로 외부환경분석은 거시환경 분석으로 PEST(정치(P), 경제(E), 사회(S), 기술(T))을 많이 활용하였으나 최근에는 환경적인 요인과 법적인 요인의 중요성이 커짐에 따라 환경(E), 법률(L)적인 요소를 추가하여 PESTEL 분석기법을 활용하고 있다. 또한, 미시환경 분석으로 시장(Market), 경쟁자(Competitor), 협력업체(Partner) 등을 분석하여 외부환경 분석을 실시한다.

내부환경분석은 조직의 내부역량 및 경영자원(인적자본, 기술, 특허, 가치 체인, 유형 자원, 시스템 등)을 분석하여 전통적으로 M. Porter의 가치사슬(Value Chain) 분석, Tom Peter의 7S 모델, 보스턴컨설팅의 BCG Matrix 등의 분석기법을 활용한다. 외부환경 분석내용으로부터 기업의 위협요인(Threats)과 기회 요인(Opportunities)을 도출하고 내부환경 분석내용으로부터 기업의 강점(Strengths)과 약점(Weakness)을 도출하여 최종적으로 SWOT 전략을 수립하는 것이다.

전략을 수립할 때에는 ESGG의 중요한 이슈 Pool을 참조하는 것이 바람직하며 실행전략(액션플랜)이 수립되면 각 전략들에 대해서 비즈니스 영향도와 실행의 용이성 등을 기준으로 중대성 평가를 하여 실행전략의 우선순위를 결정하고 실행 우선순위에 따라 세부 계획을 수립하고 예산을 할당한다.

노튼과 캐플란(Norton & Kaplan(1992, 1996))은 그들의 논문 및 저서에서 밝힌 바와 같이 "측정되지 않는 것은 관리될 수 없다"라는 개념을 적용하여 전략을 관리하고 측정하는 데 있어 매우 중요한 논리를 제공해주었다. 노튼과 캐플란은 통합된 액션플랜인 전략을 핵심성과지표(KPI)와 연계시켜 전략을 관리하고 평가할 수 있는 이른바 "전략관리 메커니즘(Strategic management Mechanism)"을 제공해주었다는 점에서 그 이전의 전략가들에 비해 전략관리 및 평가 측면에서 커다란 이바지를 하였다.

노튼과 캐플란 이전의 많은 전략가들이 전략을 어떻게 잘 수립할 것인가에 초점을 두었다면 노튼과 캐플란은 수립된 전략을 어떻게 잘 실행할 것인가에 초점을 두었다. 이러한 관점은 최근에 기업이나 조직들이 전략수립에 초점을 두기보다는 전략 실행 측면을 더 중요시하는 경향이 나타나면서 전략관리 메커니즘이 더욱더 주목을 받고 있다. 따라서 현재 공공기관, 공기업은 물론 일반기업들은 전략을 어떻게 잘 수립할 것인가에 대해서도 중요하게 생각하지만 수립된 전략을 어떻게 잘 실행할 것인가에 더 큰 노력을 하고 있으며 이와 관련된 세부 실행 방법들이 계속해서 개발되고 있다. 이러한 KPI를 활용한 전략 실행 메커니즘을 간단하게 설명하면 다음과 같다.

첫째, 조직에서 비전을 달성하기 위한 전략을 기술한다.

둘째, 전략을 측정 가능한 지표로 전환한다. 이것이 바로 KPI가 되는 것이다.

셋째, KPI에 조직이 달성하고자 하는 목표를 부여한다.

넷째, 목표와 실제 조직이 수행한 결과를 비교하여 전략 실행 여부를 판단한다. 즉 KPI의 목표와 실제 결과를 비교하여 결과치가 목표를 초과했다면 전략이 실행되었다고 판단하고 결과치가 목표에 미달하였을 경우 전략 실행이 안 되었다고 판단하는 것이다.

독자들의 이해를 돕기 위해 여기에서는 간단한 전략과 KPI를 연계시켜 전략 실행 메커니즘을 설명하였다.

전략 (액션플랜)	KPI (전략을 측정 가능한 지표로 전환)	KPI		전략 실행
		목표	**실제**	
수익성 향상	영업이익률 EVA 금액	20% 1,000억	21% 900억	O X
고객 만족 경영	고객만족도 지수 (5점 척도)	4.2 점	4.1점	X
신제품 개발	신제품 개발 건수 신제품 매출 비중	5건 10%	6건 12%	O O
온실가스 배출 저감	온실가스 배출량	8,000톤	8,300톤	X

〈 전략 실행 메커니즘 〉

위의 예시에서 보는 바와 같이 KPI(Key Performance Indicator : 핵심성과 지표)는 단순히 조직에서 성과평가를 하기 위한 지표의 역할 뿐만 아니라 전략 그 자체를 관리하고 측정하는 전략적 성과관리 또는 전략관리 메커니즘의 핵심개념이다. 많은 조직에서 KPI를 전략관리 또는 전략 실행 모형으로 활용하기보다는 단순히 조직의 성과평가를 하기 위한 개념으로 더 많이 활용하고 있는 것이 사실이다. 이제 조직은 KPI를 성과평가 중심에서 벗어나 전략관리와 실행을 위한 모니터링 개념으로 확장하고 통합하여 활용할 수 있어야 할 것이다.

ESGG의 사상을 반영한 새로운 비전, 전략이 수립되면 이를 조직이 지속해서 실행하고 적용하려는 프로세스가 매우 중요하다. 이것은 CEO를 비롯하여 경영진의 끊임없는 관심, 중간관리자와 일반 사원에 이르기까지 조직의 새로운 미션, 비전, 전략 내용이 모든 구성원에게 전파되고 교육이나 워크숍 등을 통해 내재화되어야 한다.

우리는 이것을 새롭게 변경된 내용에 대한 변화관리를 통한 내재화라고 한다. 변화관리는 시간의 흐름에 따라 변화관리를 시기적절하게 하였을 때 지각단계, 일반적 이해, 개인적 이해를 거쳐 새로운 미션, 비전에 대한 변화를 수용하고 마침내 조직의 내재화에 이르게 되지만 변화관리를 제대로 하지 못하였을 때는 아무리 훌륭한 미션, 비전, 전략이라 할지라도 조직에서 이를 받아들이지 않아 새로운 것에 대한 적용을 실패하게 된다.

조직의 변화관리는 ESGG의 새로운 미션, 비전, 전략을 모든 조직원에게 인식시켜 새로운 조직문화를 구현하는 것이다. 변화관리는 새로운 변화에 대한 리더십 확산, 직원들의 변화에 적극적인 참여, 지원체계 구축, 조직원이 인식하고 있는 변화수준의 지속적인 모니터링 및 평가를 통하여 올바르게 추진할 수 있다.

위의 그림에서 보는 바와 같이 변화관리에 대한 리더십 확산에서는 새로운 미션, 비전, 전략에 대한 경영진, 특히 CEO의 강력한 지지 표명과 더불어 다양한 경영층, 중간관리자 등이 새롭게 정립된 ESGG의 가치체계(미션, 비전, 핵심가치, 전략)에 대해 어떻게 조직원들에게 전파하고 조직문화에 스며들게 할 것인가에 대한 롤 모델(Role Model)을 설정하고 지속적인 관심을 두는 것이다.

직원들의 변화 참여는 조직원들이 새롭게 정립된 ESGG의 가치체계를 수용하고 적극적으로 실행할 수 있도록 다양한 방안을 제공하는 것이다. 일반적으로 직원들의 적극적인 참여를 유도할 방안은 새로운 ESGG 가치체계에 대한 교육 프로그램 제공과 전사 차원(Company level), 본부별(Division level), 팀별(Team level)로 다양한 워크숍 등을 개최하여 새로운 가치체계를 집중적으로 홍보하는 것이다. 또한, 회사내에 다양한 커뮤니케이션 수단을 활용하여 일시적 홍보가 아닌 지속적인 홍보가 이루어지는 것이 중요하다. 조직의 지원체계 구축은 새로운 ESGG의 가치체계가 조직문화로 자리 잡는 데 꼭 필요한 부분이다. 아무리 경영진의 리더십, 직원들의 적극적인 참여가 있다 하더라도 조직의 지원체계가 구축되지 않는다면 ESGG의 가치체계는 단기간에 걸쳐 조직원들에게 인식될 뿐, 중장기적으로 자리를 잡을수 없기 때문이다. 따라서 조직의 지원체계는 새로운 ESGG 가치체계를 조직에 적용하는데 매우 중요한 것이며 이는 ESGG 가치체계를 지원할 조직구조, 내부 프로세스의 재설계 등을 통하여 이루어진다.

전략	KPI
제품 혁신을 통한 사업 다각화 및 고도화	사업 다각화 지수(다각화, 고도화 사업매출/전체매출액)
친환경 사업을 통한 기업 이미지 제고	기업 이미지 지수(고객 설문조사)
신기술 R&D 경쟁력 강화	신기술 확보 건수, 신제품 매출 비중
탄소거래세에 대한 조기 대응방안 수립	탄소거래세 대응방안 마스터플랜 수립 및 준수율
기업 이미지 향상을 통한 M/S 향상	목표시장 점유율
ESGG 전문성 및 역량 강화	ESGG 관련 교육시간 ESGG 평가 목표 점수
재생 플라스틱 활용비율 제고	재생 플라스틱 활용비율
지배구조 개선을 통한 투명경영	이사회 독립성 사외이사 비율 부정부패 청렴도 지수 (뇌물, 협력업체 압력 등)
에너지 전환정책 수립	신재생 에너지 사용 비율
온실가스 감축	온실가스 목표 감축율

〈 전략과 KPI 〉

모니터링 및 평가에서는 새로운 ESGG의 가치체계가 경영진의 리더십, 직원들의 적극적인 참여, 지원체계 구축하에서 어느 정도 인식되고 적용되고 있는가를 측정하여 평가하는 것이다. 주기적으로 직원들의 전체적인 이해도 평가와 함께 직급별, 성별, 나이별로 평가하여 부족한 것을 파악하고 지속해서 개선하는 것이다. 이러한 변화관리 전략하에서 새로운 ESGG의 가치체계는 조직문화로 자리 잡을 수 있으며 궁극적으로 성과로 이어질 것이다.

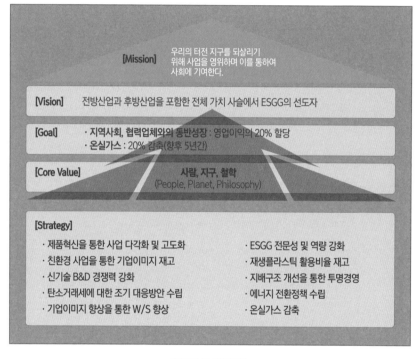

〈ESGG 가치체계도〉

이 장에서는 ESGG에 프레임워크를 제시하여 이에 대한 미션, 비전, 목표, 핵심가치와 전략수립을 기업의 예를 들어 제시하였다. 이는 여기에서 제시된 기업의 사례를 참조하여 지구의 모든 구성원인 일반 국민, 시민사회단체, 공공기관 및 공기업 지방자치단체, 정부 등이 ESGG에 대한 올바른 개념 정립을 통하여 각 주체별로 올바른 실천방안을 마련하기 위한 것이다.

따라서 위에서 언급한 지구의 모든 구성원은 각자에게 맞는 미션(존재이유), 비전(미래발전 모습), 목표(미래에 달성하고자 하는 목표), 핵심가치(바람직한 행동을 제시하는 기본 규범이자 가치관 및 신념), 전략(비전을 달성하기 위한 액션플랜), 핵심성과지표(KPI : 전략을 측정하기 위한 지표) 등을 작성하여 관리한다면 보다 체계적으로 ESGG를 실천하는 데 많은 도움이 될 것이다.

CHAPTER 05

아이들이 맞이할
새로운 지구

01
대 전환을 기대하며

1823년에 토마스 웰클리에 의해 창간된 영국의 의학 저널 란셋(The Lancet)에 2020년에 발표된 '어린이와 청소년의 기후불안과 기후변화에 관한 정부 대응에 대한 그들의 믿음'[1]에 대한 논문이 실렸다. 기후위기는 어린이와 청소년의 건강과 미래에 중요한 영향을 미치지만, 기후위기로 인한 피해를 막을 방법이 없어 기후낙담자는 증가할 수밖에 없는 현실이다. 조사는 10개 국가(호주, 브라질, 핀란드, 프랑스, 인도, 나이지리아, 필리핀, 포르투갈, 영국, 미국, 국가당 1000명)의 어린이와 청소년(16~25세) 10,000명을 대상으로 이루어졌는데 모든 국가의 응답자들이 매우 또는 극도로 기후위기를 걱정하고 있었고(59%), 50% 이상은 슬픔, 불안, 분노, 무기력, 죄책감 등의 감정을 보고했다. 또한 45%는 이러한 감정이 일상생활에 부정적인 영향을 미치고 있다고 응답했다. 또한 정부의 정책에 대해서도 매우 부정적이고 배신감을 느낀다고 응답했다.

---

1 Climate anxiety in children and young people and their beliefs about government responses to climate change: a global survey
(https://www.thelancet.com/journals/lanplh/article/PIIS2542-5196(21)00278-3/fulltext)

이제 우리는 매우 중요한 결정을 해야 하는 시점이다. 기후낙담자의 수는 해를 거듭할수록 빠르게 증가할 것이고, 이들의 낙담은 절망으로 그 강도를 더해 갈 것이다. 이런 감정은 범죄자나 공권력을 행사하는 자나 아이나 어른이나 할 것 없이 전 인류에게 그 영향이 미쳐 대부분의 사람들이 기후낙담자가 될 가능성을 열어놓게 되는 것이다. 사실 얼마 전에 경험한 펜데믹은 자신이 스스로 주의를 기울이면 어느 정도 예방이 가능한 문제였다. 그럼에도 불구하고 전 세계를 멈춰 세우고 탄소배출이 줄어들 정도로 심각한 타격을 준 것이 사실이다. 그런데 이제 인류가 맞닥뜨린 기후위기는 정반대로 나 혼자 잘한다고 해결될 일이 아니다. 기후위기는 우리 모두가 다 함께 잘해야 해결되는 '글로벌 공유지의 비극'인 것이다.

그런데 이 공유지의 비극을 해결하기 위해 우리에게 주어진 시간이 많지 않다. 100년도 아니고 불과 몇 십 년 짧게는 수 년 안에 공유지의 비극을 해결하는 방향으로 대 전환이 이루어져야 한다. 그렇게 되지 않으면 우리아이들은 기후낙담자가 아닌 기후절망자가 되고 말 것이다. 이들 기후낙담자는 학업포기, 취업포기, 결혼포기, 출산포기 가능성이 높고 또한 범죄에도 쉽게 동요하게 될 것이다. 유엔마약범죄사무소(UNODC)에 2022년 세계마약보고서(World Drug Report)에 따르면 2020년 한 해 동안 15~64세의 약 2억 8400만 명의 사람들이 마약을 사용했는데 이는 10년 전에 비해 26% 증가한 수치다. 젊은 층이 마약을 더 많이 사용하고 있으며 많은 국가에서 이전 세대보다 더 높은 수준의 사용량을 보였다. 최근 미국의 떼강도 사건을 보면 청소년들이 수백 명이 쇼핑몰을

급습하여 물건을 강탈하는데 화면에 비친 그들의 모습은 마치 플래시몹을 하는 것 같았다. 이런 형태의 범죄는 기후낙담자가 증가함에 따라 매우 빠르게 전염되고 확산될 것이고 그것도 한 지역이 아닌 전 세계로 빠르게 전염될 수 있다는 점이 더욱 공포스러운 점이다.

이런 상황임에도 불구하고 부모세대는 여전히 자신들의 청소년 시절을 떠올리며 아이들에게 자신들의 꿈을 답습하기를 요구한다. 정부의 정책도 큰 변화 없이 아이들에게 100년이 넘게 이어져 온 교육방법을 고수하고 있다. 과연 이런 교육이 기후낙담자가 되어가는 청소년들에 얼마나 효과가 있을지 따져보기나 하는 것인지 의심스럽다. 교육정책입안자들이 조금만 기후위기에 관심을 가지고 검토해 본다면 과연 지금의 교육을 계속 이어갈 용기가 날 것 같지 않다. 기후위기는 우리 일상을 모두 바꾸는 대 전환을 요구하고 있다. 모두가 힘을 모아 지구적 선을 추구하는 새로운 삶에 도전해야 한다. 우리 모두가 GG를 추구하는 일상을 살아갈 때 지구공동체가 건강해 질 수 있음을 믿고 그렇게 지구공동체의 일원이 되기를 선언해야 한다. 개인의 성공이 일확천금을 얻는 '물질적 성공' 또는 '개인적 성공'이 아니라 지구공동체에 기여하는 일을 해서 얻은 소득을 더 많은 사람과 공유하면서 '가치중심적 성공', '지속가능한 성공', '포용적 성공', '사회적 성공' 등의 정신적 성숙과 기쁨을 얻는 성공이 되어야 한다.

이 책을 읽는 독자 중에 왜 우리 선조들은 산업을 이렇게 발전시켜서 지구를 망가뜨렸는지 원망한 적인 있는가? 지금 우리가 편하게 이용하고 있는 교통수단과 스마트폰 등 때문에 할아버지 할머니를 원망한 적이 있을까? 단연코 없을 것이다.

하지만 시대가 바뀌었다. 선조가 아니라 부모님 세대를 원망하는 아이들이 생겨나기 시작했다. 부모님 세대가 만든 것을 왜 본인이, 왜 본인의 미래 자녀가 피해를 봐야 하냐고 아이들이 원망하기 시작했다.

문명을 발달시킨 공이 어른들에게 있지만, 지구를 많이 아프게 만든 책임 또한 어른들의 몫이다. 책임을 회피하면 해결책이 절대 나올 수 없다. 우리 아이들에게 어른들의 책임이라고 솔직하게 밝히고 함께 해결책을 찾아보자고 제안해야 한다.

해결책을 찾고 이를 수행하는데 ESGG는 매우 중요하고 실천적이고 효과적인 방법론이 될 것이다. GG마인드를 가지고 지구적 선을 달성하겠다는 가훈을 정하고 GG의 지속성 확보를 위해 아이들과 어른들이 함께 우리가 할 수 있는 일이 무엇인지를 찾아서 실천해야 한다.

다시 한 번 강조하지만 기후위기는 우리 어른들의 책임이다.

우리가 이 책임을 통감하고 모두 하나가 되어 이 위기를 극복한다면 아직까지 인류가 이루지 못한 성숙한 문명으로 도약할 수 있는 기회가 될 수도 있을 것이라는 희망을 가져 보자. 지금 청소년들에게 우리가 이루어놓은 것을 선별적으로 물려주면서 그들이 자아실현을 통해 진정한 지구공동체의 주인이 될 수 있는 길을 열어준다면 우리의 삶은 매우 의미 있는 역사적인 과업을 수행한 세대로 기록될 수 있을 것이다. 만약 그렇지 않다면 대멸종의 주인공이 될 수밖에 없다. 모든 과학적 데이터는 지금 인류가 극적인 반전을 할 수 있는 가능성을 매우 희박하게 예상하고 있다. 그 이유는 지금과 같은 방법으로는 도저히 해결할 수 없기 때문이다. 그러니까 참가자 모두를 희생해야 일확천금을 얻을 수 있는 오징어게임으로는 문제를 해결할 수 없다는 의미다. 공유지의 비극을 해결하기 위해 70%를 되돌리는 다람쥐의 지혜를 본받아야 한다. 일상을 통해 GG를 추구하고 그 결과를 다시 되돌릴 수 있는 다람쥐게임을 빠르게 정착시켜야 하는 상황인 것이다. 이렇듯 선택의 여지가 없다. 도전하는 수밖에 없다. 그것이 우리의 상식을 깨는 매우 힘든 일이라는 것을 알지만 어쩔 수 없다. 우리에게는 더 이상 퇴로가 없기 때문이다. 이런 상황이 주어진 것을 기회로 알고 도전해야 한다. 그것만이 미래를 열 수 있는 길이기 때문이다.

02
미래 지구공동체의 주역들

중요한 것은 시간이 별로 없다는 것이다. 마치 시한폭탄이 작동하듯 시간은 계속 당겨지고 있다. 그것도 아주 **빠르게** 마지막 순간이 다가오고 있는 것이다. 이러 상황을 맞닥뜨린 우리의 반응은 크게 두 가지다. 하나는 기후낙담자가 되는 것 또 하나는 무관심이다. 아마도 나이가 어릴수록 기후낙담자가 될 가능성이 높고 나이가 들수록 애써 외면하는 무관심층이 될 확률이 높다. 그런데 이러한 무관심층이 사회의 기득권층을 형성하고 있어 기후낙담자를 기후희망자로 전환할 기회를 만들어주지 못하고 있다. 이것은 그야말로 시대적 배임행위를 하고 있는 것에 다름 아니다. 비단 우리나라뿐만 아니라 국제사회도 크게 다르지 않다. 어쩌면 지금 문제를 해결해야만 하는 국제사회의 리더 들이 오징어게임의 승자와 같은 입장이라 게임 자체를 벗어나기 힘든 것 일수도 있다. 그래서 우리는 새로운 다람쥐게임을 할 수 있는 참신한 GG인을 탄생시켜야 하는 것이다. 그것도 아주 **빠른** 시간 안에 아주 광범위하게 GG인을 탄생시켜야 한다. 그래야만 GG조직, GG기업 더 나아가 GG국가를 만들 수 있을 것이다. 그리고 급기야는 지구공동체를 만들 수 있을 것이다. 너무나 엄청난 일이어서 감히 상상조차하기 힘든 과업이다.

다람쥐를 통해 이해했듯이 지금처럼 환경을 파괴하고 탐욕에 찌든 사회시스템으로는 더 이상 지속가능 않음을 설득해서 새로운 질서를 창조해야 한다. 퇴로가 없는 막다른 골목에서는 쥐도 고양이를 문다는 궁서설묘의 심정으로 임해야 할 것이다.

이를 추진하는 것이 어려워 보이지만 ESGG를 통해 우선 자신의 미래를 다시 재정립하는 것부터 시작해야 한다. 우리는 트루밸류라는 회사의 트루어필이라는 서비스를 통해 이러한 가능성을 엿볼 수 있었다.

드림어필은 꿈에 대해 밝게 소통하며 성장을 함께 즐길 수 있는 소셜미디어 서비스다. 자신이 원하는 미래를 선언하고 이를 위해 나아갈 목표

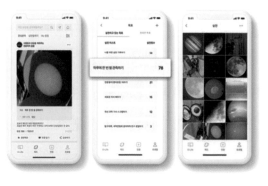

〈자신만의 꿈명칭을 소개하고, 목표와 실천을 공유하는 아이들〉

와 실천을 공유하며 다양한 사람들로부터 응원과 조언을 받을 수 있다. 청소년들이 스스로 자신의 진로설계를 하고 이를 응원하는 수 많은 멘토들의 응원에 힘입어 이를 키워나가는 서비스다.

　과도한 교육열과 무한 경쟁 속에서 한국 청소년들이 인식하는 꿈에 대해 소통할 수 있는 대상은 평균 1.2명, 꿈에 대해 진지하게 소통해볼 기회는 연평균 1.5회라고 한다. 미래에 대한 불안감과 꿈을 실현하기 위해 노력하는 과정에서 느끼는 외로움이 많다 보니 꿈을 가진 청소년이 1/3도 되지 않는다는 통계가 자주 나타난다.

　드림어필은 이러한 청소년들에게 응원과 소통의 힘으로 자신이 원하는 미래를 찾아 나아갈 원동력을 주고 쌓여가는 드림데이터를 바탕으로 맞춤 지원을 연결해주어 그 꿈을 지속할 수 있도록 도와준다.

　드림어필 사용 전후 청소년들의 꿈 소통 대상은 평균 33배가 증가한 36.2명이 되었고, 소통 빈도는 평균 256배 증가한 연384회가 되었다. 3만 종류가 넘는 꿈이 등록되었고, 무엇보다 아이들이 사회에 대한 밝은 생각을 지니게 되었고 서로에 대한 누적 응원이 150만 회가 넘었다. 서로가 바라는 미래에 대해 이렇다 할 관심이 없던 아이들이 세상의 미래에 관심을 가지고 함께 노력하기 시작한 것이다.

　트루밸류는 초,중,고,대학교를 비롯한 다양한 기관에 교육솔루션을 제공하며 드림어필을 전파하고 있고 이를 통해 더 많은 지구인이 서로가 바라는 미래에 대해 관심을 갖고 함께 노력하도록 만들고 있다. 그리고 이러한 노력이 직접적으로 지구의 회복에 대한 관심과 실천으로 이어지는 모습도 확인할 수 있다.

〈지구의 회복에 대한 꿈을 가진 아이들〉

　서로의 응원을 통해 자신감을 키운 이 아이들이 드림어필 내에서 플로 깅 챌린지를 열고 있다. 결과는 어땠을까? 꿈은 다르지만 같은 위기의식 을 느끼고 있던 유저들이 하나둘 플로깅 챌린지에 참여하기 시작했으며 기후 위기에 대한 소통하는 장이 만들어졌다.

〈플로깅을 실천하는 아이들〉

　드림어필은 앞으로 본격적으로 진로수업을 통해 유입되는 전국의 학생들에게 GG를 알리고 GG정신에 부합되는 청소년 리더들을 선별하며 네트워를 구성하고, 지구를 위한 작은 실천을 당장 시작할 수 있는 GG의 베이스캠프가 되기 위한 계획을 추진하고 있다.

소위 Z세대로 불리는 요즘 아이들은 아날로그 시대를 전혀 경험하지 않은 태어날 때부터 디지털 환경을 경험한 디지털 오리진 세대이다. 유튜 브가 선생님이고 수많은 소셜 네트워크 환경에서 어떠한 정보에도 쉽게 접근할 수 있는 환경 속에서 살고 있다.

그나마 희망적인 건 X세대가 배웠던 것과는 달리 요즘 아이들은 어른 들보다도 환경에 대한 인식이 강하다. 쓰레기 분리수거도 어른들은 정부 정책을 지키는 마음으로 행하지만 아이들은 몸에 배어있다. 하지만 아이 들은 스스로 배우고 터득하지 않는다. 아이들은 결국 사회성을 배워가 는 과정에서 접촉하는 사람들로부터 인격이 형성될 수밖에 없다. 특히 디 지털에 익숙한 아이들은 만나보지 않은 사람이지만 온라인으로 영향을 받는 경우가 많고 오히려 부모나 선생님의 말씀보다 100만 유튜버의 말 을 더 믿는 경향이 있다.

아이들이 GG 마인드를 갖고 스스로 GG를 실천하게 만들기 위해서는 결국 아이들이 접점에서 GG를 실천해야만 한다. 아이들이 가장 많은 시간 을 보내는 가정, 학교, 학원 등에서 GG를 위한 선언을 스스로 하고 아이 들에게 알려주어야 한다. 또한 아이들 스스로가 한 가정의 일원이자, 국가 의 국민임을 알림과 동시에 지구인임을 인식할 수 있도록 지도해야 한다.

부모에게 아이들은 이 세상에서 가장 소중한 존재이다. 우리가 GG마 인드를 갖고 GG를 지향하는 지구인이 된다는 것은 결국 지구가 바로 우리 아이들이고 미래라는 인식을 갖는 데에서 출발하는 것이다. 본 고의 출간과 더불어서 세상에는 GG를 실천하는 다양한 사례들이 생길 것이라 기대한다. 특히 어른들의 실천보다 아이들의 GG 실천이 더욱 기대가 된다. 이를 따라가는 어른들도 많아지기를 기대한다.

　중요한 것은 UN을 포함한 국제사회 전체가 힘을 합쳐야만 한다. 한국인, 미국인, 영국인, 중국인 등 국가로 구분할 것인 아니라 우리 모두가 지구인이라는 생각으로 함께 해결하려 해야 한다.

　모든 인류가 즉, 모든 지구인이 지구적 선을 구축하겠다는 마음으로 GG人이 되어 똘똘 뭉칠 때 실낱같은 희망이 실현될 것이다. 이런 세상이 만들어진다면 우리는 진정한 지구공동체의 새로운 주인이 되어 있을 것이다.

03

희망의 지구공동체

어릴 때 즐겨 보았던 만화 속에 세상이 지금 현실이 된 것들은 너무나 많다. 물론 그 상상이 다 현실이 되지는 않았겠지만 휴대폰, 로봇, 우주선 등 이루 말할 수 없는 것들이 만화 속에서 우리의 상상력을 자극했었다. 그리고 그것은 오래지 않아 현실이 되곤 했다. 그렇다면 지금 우리 청소년들이 꿈꾸는 미래가 바로 우리의 미래다. 그들이 꿈꾸는 대로 미래가 펼쳐질 가능성이 높다. 그래서 우리는 청소년들에게 더 큰 꿈을 꾸게 해야 한다. 기후희망자가 되게 해야 한다. 새로운 지구공동체의 주인이 되게 해야 한다.

머지않은 장래에 지구공동체는 거대한 유기체처럼 움직이는 사회가 될 것 같다. 그렇지 않으면 조화롭지 않아 깨질 수밖에 없기 때문이다. 전 인류가 지구의 모든 생물종과 함께 풍요롭게 공존하는 세상이 되어야 한다. 그것은 생명의 한시 성을 자연스럽게 받아들이고 그 한정된 시간을 최대한 활용하여 의미 있는 가치를 쏟아내고 되돌아가는 대자연의 순환을 받아들일 수 있어야 한다는 의미다. 죽음을 끝으로 알고 이를 연장하기 위해 발버둥치는 인간들의 모습은 애처롭기까지 하다. 우리가 죽음을 받아들이지 않음으로써 너무나 많은 자원을 불필요하게 사용하고 있음도 깨달아야 한다. 그것이 곧 또 다른 자연스럽지 못한 파괴임을 인식해야 한다. 이것이 지구적 윤리관이다.

지구적 선을 추구한다는 것은 인간만의 탐욕을 채우는 것이 아니라 자연과 함께 자연스럽게 살아가는 가운데 그 가치를 더하는 것이다. 우리 모두가 그러한 사업에 매진한다면 지구공동체는 전혀 다른 게임을 통해 즐겁고 보람 있고 희망이 있는 사회가 만들어질 수 있을 것이며 그러한 바탕 위에 우리의 창조적인 능력으로 쏟아내는 지구적 선의 가치들이 만들어내는 상상을 초월하는 세상이 될 것이다. 부모세대가 물질적 풍요를 일구어내기 위해 노력하면서 삶의 의미를 찾았다면 우리 아이들은 바로 그런 가치를 창조하는 사업을 통해 삶의 의미를 찾아갈 것이다. 그리고 세대를 거듭할수록 진정한 평화와 자유 그리고 상상할 수 없는 또 다른 가치 속에서 지구적 선을 추구하면서 살게 될 것이다.

다람쥐가 행하는 순환의 이치를 아니 모든 생물종이 정교하게 행하는 자연의 순환을 왜 인간만이 역행하고 살았는지 그 깊은 뜻은 알 수 없지만 그 과정도 다 자연의 진화과정이었음을 깨닫게 된다면 이 자연의 심오하고 깊은 품 안에서 더 깊은 의미를 찾을 수 있을지 모른다. 정교하게 행해지는 자연의 순환을 좀 더 멋진 곳으로 움직일 수 있는 생각과 창조를 담당하는 인간의 모습은 우리가 그토록 꿈꿔 왔던 던 자아실현을 구현하는 인간의 완성된 모습일 수 있다. 어쩌면 그런 인간이 되기 위해 이러한 성장통을 겪고 있는 것인지 모른다.

오랜 시간의 진화과정을 통해 완성된 인간의 모습은 바로 상상력과 창조력을 바탕으로 이 세상에 새로운 가치를 쏟아내고 자연의 순리가 지구적 선을 향해 나아갈 수 있도록 리드하는 역할일지 모른다. 그런 선한 삶의 모습이 익숙하지는 않지만 그래도 그런 선한 삶의 모습에서 우리는 진한 눈물과 격한 감동을 느끼면서 그 어떤 물질도 주지 못한 삶의 벅찬 의미를 찾는 새로운 경험을 하게 될 것이다. 그리고 그 경험을 통해 인류는 한 차원 다른 성숙한 지구공동체의 일원이 되어 있을 것이다. 이런 세상을 향해 가는 마지막 성장통이 기후위기 극복이었으면 좋겠다. 아니 그렇지 않다면 이리 극적인 반전 기회를 우리에게 주지는 않았을 것이다.

많은 종교가 가르친 대로 우리는 진정으로 사랑하는 자가 되어야 하는지 모른다. 이 거대한 지구공동체를 진정으로 사랑하는 인류가 되기를 태초부터 하늘은 예정하고 있었는지 모른다. 그 기쁨을 찾아 힘찬 여정을 시작했으면 좋겠다. 우리의 한정된 삶이 지구공동체를 향해 가는 여정에 지구적 선이라는 작은 벽돌이라고 쌓는 의미 있는 행동만이 지금 우리가 할 수 있는 유일한 희망이 아닐까 라는 생각을 하게 된다. 우리 모두에게 퇴로가 없는 위기 상황에서 모두가 이렇게 지구적 선이라는 벽돌을 쌓아간다면 머지 않아 지구공동체를 향한 대 전환이 이루지지 않을까 라는 희망을 가지고 열심히 달려보자는 것이다. 그것이 우리는 물론이고 우리 아이들에게 희망이 되었으면 좋겠다. ESGG가 그 길을 안내하는 작은 도구가 되었으면 좋겠다. 지금 이 순간에 이런 희망을 노래할 수 있음에 감사한다. 그리고 모두가 함께 이 희망의 노래를 합창하기를 기대한다. 그리고 우리는 그것을 이루었다고 벅찬 목소리로 세상을 향해 외칠 수 있기를 기대한다.

감사의 글

요즘 강연요청이 많아졌다. 그런데 과거와는 다르게 자주 목소리를 높이게 된다. 그리고 강연 후 뒤 끝이 개운치가 않다. 아마도 희망적인 내용보다는 절망적인 내용을 더 다루게 되서 그런 것 같다. 기후위기에 너무나 무관심한 청중들을 만날 때는 더욱 그렇다.

늘 발전한다는 생각으로 살아온 한 평생이 지구를 망가뜨리는 주범으로 살아왔음을 깨닫게 되었을 때 정말이지 이를 받아들이기가 쉽지 않다. 사랑하는 자식들 그리고 손자들에게 삶의 터전마저 빼앗아 버린 최악의 범죄자가 된 느낌이 들 정도니 오죽하겠는가. 그토록 열심히 살아온 그 모든 날이 우리 아이들의 삶의 터전을 파괴하는 짓이었다니 하늘의 자식이라는 인간들의 수준이 이 정도밖에 안 된다는 것을 받아들이기가 매우 힘들었던 것이다.

그런데 이를 받아들이고 나니 인간들이 벌인 일들 중에 정말 한심한 일들이 너무 많았다. 지구생태계가 파괴되어 다 죽게 생겼는데 여전히 전쟁을 하고 있는 것이 대표적이다. 침몰하는 배 안에서 1등석 차지하겠다고 싸우는 꼴이다. 모두 다 죽을 수 있는 환경에서 서로 싸우는 모습은 영화에서도 자주 등장한다. 물론 영화는 늘 주인공이 어떻게 하든 살아 돌아오는 해피엔딩이 대부분이지만 지금의 현실은 그렇지 않다. 영화 속의 주인공처럼 살아 돌아올 곳이 사라지고 있는 것이다. 그래서 우리 아이들은 삶의 터전 자체가 사라질지 모른다는 기후낙담자가 되어가고 있다. 이처럼 시간이 갈수록 우리에게 남는 것은 절망뿐이다. 한 조각 희망조차 갖지 못할 시점이 불과 10년 남짓이라는 경고에도 불구하고, 우리는 여전히 1등석을 차지하겠다고 싸우는 멍청한 짓을 멈추지 않고 있다.

우리 모두가 하나의 배를 타고 있는 운명공동체라는 점은 누구나 알수 있는 너무도 상식적인 사실이다. 그런데 그것을 받아들이고 행동하지 못하는 수준이 바로 지금의 인류 문명 수준이다. 결국 이런 수준의 인류가 저지른 과오가 기후위기라고 봐야 한다. 물론 내가 살아있는 동안 별일이 없다면 상관없다는 속 좁은 관점도 있을 수 있다. 하지만 이제는 그렇게 거대하다고 느꼈던 지구생태계가 80억분의 1일에 불과한 내 삶에 치명적인 위협이 되고 있음을 깨달아야 한다. 상상할 수 없는 이 거대한 배가 침몰하여 우리는 물론이고 우리 아이들의 삶이 지속될 수 없게 파괴되고 있다는 절망적 상황을 하루빨리 극복하려는 노력을 지금 당장 시작해야 한다. 아직은 그나마 한 가닥 희망이 남아있다고 하니 지푸라기라도 잡아보자는 것이다.

세상을 향해 외쳐봐야 도저히 들어줄 것 같지 않은 주장이지만 이렇게 하지 않으면 안 된다는 절박한 심정이 우리에게 용기를 주었고 이 책을 만들 수 있게 해 주었다.

한승수 전 국무총리께서 평소에 자주 사용하시던 Global Good이라는 용어의 뜻을 이해하고 나서는 '아 이것이 바로 우리 인류가 지향해야 할 가치'구나 라는 것을 새삼 깨닫게 되었다. 그리고 총리께서 추구하셨던 그러한 가치가 이제 우리 모두가 새겨야 할 가치이고 만약 인류가 이러한 지향점으로 향해 함께 달린다면 우리 사회는 완전히 다른 모습이 될 수 도 있겠다. 라는 희망을 가지게 된 것이다.

하지만 80억 인구가 10년 남짓 짧은 기간에 이런 지향점을 공유한다는 것은 거의 불가능한 일일 수 있다. 하지만 지금은 가능성을 따질 겨를조차 없는 상황이다. 무조건 도전해야 한다. 그렇게 모든 인류가 한 곳을 향해 함께 뛰지 않으면 기후위기는 도저히 해결되지 못할 것이기 때문이다.

다행스럽게도 우리에게는 디지털세상이 존재하고 또한 한류가 존재한다. 세계가 우리를 주목하는 이유가 어쩌면 우리는 널리 세상을 이롭게 하라는 홍익인간 정신을 갖고 있어 GG를 추구하는 것이 알게 모르게 몸에 배어있는 민족이기 때문이라고 생각한다. 그러한 정신이 한류에 근원이기에 한류가 전 세계인의 사랑을 받고 있다고 보는 것이다. 지금 전 인류가 애타게 찾고 있는 그것이 바로 인류공동체가 하나 되어 기후위기를 극복하고 또 다른 세상을 만들어가려는 것이 우리의 유일한 희망이라면 그것이 바로 우리 민족이 지향해 온 '홍익인간' 정신이요 지구적 선을 추구하는 일이라고 생각되기 때문이다.

SDX재단은 디지털전환(DX) 기반의 지속가능발전(SD)을 추구하는 비영리재단이다. 현재 불과 2년 만에 재능후원자는 약 100명으로 늘어났고 지금도 계속 늘어나고 있다. 이들 재능후원자들이 본업과 함께 기후위기 극복을 위해 열심히 봉사를 해 주고 있다. 이번 ESGG 책 출판도 한승수 총리님을 비롯하여 전문가 여러 분이 참여하여 함께 몇 개월 동안 노력한 결과이다. 물론 이 책 저자들 이외에도 새로운 제도를 만들어 도전하고 있는 탄소감축위원회(CRC), 현재 기후위기 관련 이슈를 공론화하고자 노력하는 리월드포럼(ReWorld Forum) 그리고 이를 구체적으로 확산하고자 교육과정, 커리큘럼 등을 기획하고 만들어 실천하고 있는 교육연구원(SERA)등 몇 개의 사업기구를 통해 재능후원자들이 열심히 뛰고 있는 중이다.

　사실 이렇게 많은 재능후원자들이 자발적으로 함께 일하는 것은 바로 GG조직의 미래를 실험하는 것이기도 하다. GG人이 모여 GG조직을 구성하고 이를 실천하는 과정이 매우 놀랍고 모두에게 삶의 의미를 찾게 해 준다는 의미에서 이익을 추구하는 기업이 따라올 수 없는 독특한 조직문화와 성과를 경험하면서 GG조직의 가능성을 보게 된다. GG조직이 단기적으로 참여하는 GG人들에게 돈으로 환산할 수 없는 큰 가치를 제공하는 것을 확인하고 있다. 그리고 장기적으로는 인류에 미래를 위해 나름의 기여를 하고 있다는 희망을 통해 삶의 의미를 갖게 되는 효과도 있다.

이런 재단 후원자 분들에게 진심으로 감사드린다. 우리가 하는 이 작은 노력이 세상을 바꾸는 데 반드시 일정부분 역할을 하게 될 것이고 하늘이 이 노력을 기억해 줄 것으로 믿는다. 앞으로 더 많은 분들이 참여하여 이 같은 ESGG 캠페인이 빠르게 확산되기를 기대하며 이렇게 만들어진 새로운 집단지성이 새로운 세상을 만들어야 한다고 믿고 모두가 함께 달렸으면 좋겠다.

다시 한 번 GG를 추구하며 지구를 살리는 일에 동참해 주시는 모든 분들에게 그 뜻과 용기와 열정에 깊이 고개 숙여 감사를 드린다. 그 뜻과 열정으로 기후위기를 극복하고 새로운 세상을 만날 수 있는 기적 같은 일이 이루어지기를 기대하는 하는 바이다.

SDX재단 이사장 **전하진**

본 책이 나오기까지 함께하신 분들

01 한승수
현 UN총회의장협의회 의장

- UN총회의장
- 대한민국 국무총리
- 주미대사 등
- 노벨평화상 수상자
- 국회의원, 장관

02 전하진
현 SDX재단 이사장

- 19대 국회의원
- ㈜한글과컴퓨터 대표이사
- 한국도시부동산학회 미래혁신부회장

03 이찬원
현 경남대 환경에너지공학과 명예교수

- 경남대 환경에너지공학과 명예교수,
- 유니버셜푸드 고문
- 전, 경남기후환경네트워크 상임대표,
- APEC MRC 한국대표

04 정형철
현 수원대 교수

- SDX교육위원회 부위원장
- 안산환경재단 탄소중립 운영위원
- 삼일회계법인(PWC) 이사

05 이준호
현 SDX재단 조직위원회 운영위원장

- ㈜삼월삼십삼일 대표
- ㈜스페이스알파 교육/컨설팅 이사
- ㈜코리아에듀아크 최고전략책임자

06 김일동
현 현대미술작가

- 미디어 팝 아티스트 / NFT 아티스트
- 소설가, 영화감독
- 더지니어스북 창시자

07 김미성
현 SDX재단 조직위원장

- 서강대 산학협력단 겸임교수
- ㈜엔트리 컨설팅 대표이사

08 신향숙
현 SDX교육연구원장

- ㈜SS2인베스트먼트 대표이사
- 세종대 시니어산업학과 겸임교수
- 전 (사)시니어벤처협회 회장

09 홍성웅
현 SDX재단 기획위원장

- 청주대학교 소프트웨어융합학부 교수
- 스마트시티 사업단 단장
- 중부권 클라우드컴퓨팅교육센터 센터장
- AI 교육사업단 책임교수

10 홍은표
현 한국ESG경영개발원 이사장

- OECD사무국 선임분석관 및 실장
- 상명대 교수
- 국제개발협력위원회 위촉위원

11 유제철
현 중부대학교 석좌교수

- 19대 환경부 차관
- 한국환경산업기술원장
- UN환경계획(UNEP) 선임오피서

12 류영재
현 서스틴베스트 대표이사

- SDX리월드포럼 공동대표
- (사)평화의 숲 이사장
- 국민경제자문회의 위원

13 최정규
현 BCG 싱가포르 시니어 파트너

- SDX리월드포럼 상임대표
- Kearney 아시아 금융부분대표
- SC은행그룹 전략본부장
- 중국 소매금융대표,

14 최순종
경기대학교 교수 / 행정 · 복지대학원장

- 한국청년학회 회장
- 여성가족부 정책자문위원 / 평가위원
- 청소년 · 청년 근로권익 진흥센터 센터장

ESGG

The Path to a Global Community

2023년 10월 18일 UN총회의장단협회에
Room Document로 제출

ESGG: The Path to a Global Community

[date] October 2023

This report was presented as a room document at the High-Level Symposium of the Charter of the Council of Presidents of the General Assembly of the United Nations held in Republic of Korea in October 2023. The main topic of the 2023 Symposium was the climate change.

Contact: Mr. JHUN Hajin (hajin@hajin.com), the SDX Foundation in Korea

ESGG: The Path to a Global Community

October 2023, Seoul, Korea

1. Executive Summary

The climate crisis stands as the most urgent problem

confronting humanity today. The post-industrial explosion of human population and the spread of material civilization are destroying the global environment and threatening human survival.

The direct cause of the climate crisis is the excessive emission of greenhouse gases by humans. Even if member states achieve 100% of their NDCs as per the 2015 Paris Climate Agreement, this alone will not be sufficient to tackle climate crisis. Consequently, the 1.5 degrees threshold has been pushed forward to around 2030. This means that within the next decade, the entire human race must devise and vigorously implement extraordinary measures to overcome this critical challenge.

Currently, the international community's primary focus in combating the climate crisis lies in supply-side carbon reductions, exemplified by initiatives like the transition to cleaner energy sources and improvements in energy efficiency. While this effort resulted in some progress, it is equally vital to underscore the importance of bottom-up, individually small-scale but collectively big-scale carbon reduction measures. These actions, backed by the active participation of many stakeholders, including individuals and small and medium-sized enterprises, are pivotal in significantly curbing excessive material demand.

The significant reduction of humanity's carbon emission, observed for the first time during the global economic slowdown by the pandemic around 2020, starkly demonstrates the direct link between the climate crisis and human economic activities. Therefore, it becomes clear that a drastic reform of our current economic and social system is indispensable to overcome the climate crisis.

The key challenge to solving the climate issue lies in the lack of a cohesive global order along with the complexities of human economic activity. The Sustainable Development Goals of the United Nations, which encompass vital objectives like climate action, poverty eradication, zero hunger, and reduced inequalities, can be achieved through solutions framed from a global perspective. Unfortunately, however, the prevailing focus on national interests continues to hinder meaningful progress If humanity had collectively embraced a true sense of global community, many war conflicts, instances of hunger, and climate crises might have been prevented or addressed in globally more decent manner.

We need to build a new way of life and a new economic and social system right now. At the very least, we need a global ethic that goes beyond the perspective of national interests. Sustainable development initiatives must be approached with a global perspective, and a collective aspiration to pursue the Global Good for the global community should be instilled in all.

We propose ESGG (Ethical Sustainable Global Good) as a framework for pursuing Global Good through sustainable development rooted in a global ethic.

Building a global community could not go with prioritizing national interests. From a global perspective, wars in the name of patriotism and excessive waste produced by humans stand in direct contradiction to the laws of nature. As responsible members of the global community, humanity must reorganize itself in harmony with the natural order, focusing on suitability.

This transformation necessitates the evolution of a forward-looking, sustainable body composed of self-actualizing communities that embrace the perfect (re)-cycle (Zero Basic), embed sustainability in the civilizations we proceed (Urban

Basic), and create values for Global Good (Culture Basic). Such transformation encompasses individuals, corporations, nations, and international organizations. This collective body must foster sustainable development and align itself with the natural order.

The concept of Global Good is a shared value that should be cultivated not only among humans but also among all life forms on Earth. It means looking beyond our personal desires and focusing on the good of all and the protection of the planet's ecosystems. Of course, this is not easy, as it requires radical changes and tough. But in the face of a climate crisis with no way out, we will need to shift our values and behaviors to embrace the need for this social transformation.

The ESGG framework entails a systematic approach to addressing the global challenges confronting humanity. First, it involves first comprehending these challenges and formulating sustainable development plans to resolve them. Second, it revolves around articulating a commitment to pursue Global Good (GG) in accordance with global ethics and publicly declaring and executing the GG. Third, by disclosing the results, we hope to inspire more people to live as global citizens and raise awareness.

With multiple ESGG Vows, new practices can be disseminated and leveraged, and useful practices can spread more quickly.

Fortunately, the expansion of the digital world has opened the possibility of building this global community. The digital world would not only optimize the physical world but also accumulate vast amounts of data. However, the challenges lie in the disparity of values that these data may represent, which could potentially be detrimental to us. To solve this problem, we all need to pursue a life of Global Good.

We envision the United Nations as the central organization responsible for disseminating ESGG and fostering collective intelligence through its implementation. The UN should play a pivotal role in building a true global community by encouraging and supporting all human beings to become global citizens themselves. While this may seem a very radical choice for humans who have only ever pursued their own desires, but with the urgency of a climate crisis, we can expect them to accept it quickly and make a major transition.

It is particularly important that youth, who are the future of humanity, can move away from despair and fear regarding their future and instead of grand dreams and aspirations rooted in the pursuit of Global Good and the creation of a global community. To this end, we hope to see ESGG integrated into educational curricula worldwide, and serve as a valuable tool for fostering ethics of global citizenship.

Moreover, we anticipate that ESGG can contribute to building a global community, and we look forward to the collaboration of more professionals who will develop more practical and concrete methodologies so that humanity can move forward to a sustainable world as soon as possible.

2. The Necessity of the ESGG Framework

ESGG (Ethical Sustainable Global Good) emerges as a pivotal framework, proffering novel perspectives and resolutions with respect to the pressing climate crisis and the array of global issues presently besieging humanity. It solemnly advocates for a steadfast pursuit of the Global Good by meticulously formulating and implementing sustainable development strategies, all while being scrupulously guided by an overarching planetary ethical stance. The ESGG aspires to be recognized as an indispensable instrument for various entities — individuals, corporations, and organizations alike — in actualizing these aforementioned objectives. The rationale for adopting and utilizing this framework can be elucidated through several key points, which shall be delineated henceforth.

First and foremost, it is imperative to nurture the development of individuals identified as 'Climate Activists' in our collective pursuit towards environmental and ecological stability.

At the current juncture, humanity is witnessing a disconcerting surge in individuals immersed in 'climate despair', deriving from the intensifying climate crisis. The augmentation of individuals enveloped by such despair — characterized by an all-encompassing sense of hopelessness vis-à-vis the prevailing environmental tribulations — is projected to precipitate an economic constriction of consumption and investment, and to magnify societal instability, thereby inflicting a detrimental influence on the extant economic system. It is crucial to underscore that, while the physical devastation resultant from climate catastrophes is substantial, the psychological and societal damages engendered by the mental states of those in climate despair also constitute a significant challenge necessitating scrupulous consideration and deliberate action. The circumvention of this situation mandates the promulgation of 'Climate Activists' — individuals who, fortified by an optimistic conviction in our collective capability to navigate through the climate crisis, actively partake in substantive climate actions.

It becomes imperative to expedite a global propagation of Climate Activists, and this must be achieved within a critically constricted timeframe. Whilst the aversion of physical climate calamities is of undeniable importance, the mitigation of the prevalence of Climate Despaired and the amplification of Climate Activists also emerge as a pivotal undertaking in our stride toward surmounting the climate crisis. There prevails a collective aspiration that ESGG framework shall be instrumental in facilitating the expansion and fostering of Climate Activists on a global scale.

Secondly, the necessity to forge a universally adherent ethical perspective is imperative.

While the climate crisis unmistakably stands as a pervasive

issue, the prevailing responses of demanding a collective response from the entirety of our global community have thus far proven markedly insufficient. This deficiency emanates from our collective failure to cultivate a comprehensive global ethical viewpoint. Actions, such as conflicts fueled by patriotism and economic developments that exact a toll on our natural world, are incontrovertibly unethical within a global context. The unabated perpetuation of such activities speaks to the absence of a firmly established ethical perspective on a planetary scale. Hence, it is of paramount importance that a global ethical perspective be expeditiously solidified. ESGG framework emerges as a potential tool that could be deployed in realizing this imperative.

Should sustainable developmental approaches materialize through the ESGG Vow, which encapsulates the Earth-centric values espoused by Climate Activists, it becomes imperative to proliferate methodologies of high efficacy to foster their adoption on a broad scale. As such a framework permits the evaluation of various endeavors and the accumulation of their respective outcomes, it shall pave the way for the formulation of a global ethical perspective. It is pivotal that these emergent global ethical standards be applied not only to humanity but also to technological entities, such as artificial intelligence. The recent proposition by developers of artificial intelligence to momentarily suspend all developments, prompted by ethical concerns and the potential threat to human society, underscores the challenges born from the absence of a unifying global ethical viewpoint.

Thirdly, the imperative to forge a sustainable society stands paramount.

In the quest for a sustainable society, it is imperative that a transformation into a sustainable 'Body' is realized, not only on an individual level but also amongst diverse entities, encompassing corporations and organizations. ESGG posits that, should all constituent entities be comprised of a sustainable Body, such exemplars will be broadly utilized. Furthermore, employing these Bodies shall capacitate the facilitation of sustainability within larger entities.

Employing the ESGG — a consistent framework — to meticulously reconfigure not only oneself but also the corporations or organizations to which one is affiliated into a sustainable 'Body', can incontrovertibly serve as a foundational act in realizing a sustainable global community. A transition to the ESGG, diverting from the previously desire-driven modus vivendi, may induce modifications or eliminations of certain aspects of the existing methodologies and potentially generate discord with the prevailing social systems. Nevertheless, it is imperative that such Bodies are sustained and endeavor to architect more expansive Bodies are meticulously pursued. Those efforts can materialize a cohesive global community.

In the fourth instance, it is necessitated for the sake of establishing and nurturing a symbiotic Earth Community.

The notion of the Earth Community delineates the amalgamation of humanity into a cohesive entity, surmounting the variances inherent in nationhood, ethnicity, religion, and culture, forming a symbiosis akin to a singular organism. Such Earth Community must ardently pursue the 'Global Good', essentially embodying the pursuit of dignity and felicity for all sentient beings. The collective, concerted effort of all nations to efficaciously navigate the complexities of the climate crisis symbolizes a pivotal leap in our civilizational trajectory. It implicitly accepts the ideology of humanity as a unified entity of destiny, thereby unlocking the potential to sculpt a new, harmonious Earth Community. The capacity to cultivate such a global fraternity may indeed represent the ultimate beacon of hope for humanity.

While the conceptualization of ESGG does not pose an intricate challenge and the formulation of an ESGG Vow can be navigably attained, the practical application thereof presents a formidable task, particularly for societies steeped in a paradigm of excessive desire. The myriad of conflictual elements vis-à-vis the prevailing socio-economic systems renders the realization of these principles an arduous journey. The adherence to a newfound paradigm, exemplified by a global ethical stance and a demand for transformation into a sustainable entity, may not be effortlessly navigated. Furthermore, the pursuit of the 'Global Good (GG)' may strike a chord of unfamiliarity within many. Nonetheless, the imperative to boldly engage with and embody these principles stands paramount, for absent such, the guarantee of a sustainable future for our societies remains elusive.

The integration of ESGG should be prioritized within the career planning frameworks for adolescents, identified as being notably susceptible to evolving into Climate Dispairers. The transmutation of these individuals into Climate Activists emerges as an undertaking of utmost significance. It is imperative to forge pathways within households and educational institutions alike, facilitating career planning exercises, which can enable both parents and children to concurrently blossom into Climate Activists. Furthermore, in the midst of adherence to ESG principles, corporations and organizations might judiciously find a convergence towards a more lucid vision through the incorporation of ESGG. A proliferation of Climate Activists, actively embodying ESGG principles, can indeed pave the way for transformative adaptations within national policy frameworks.

3. Strategies for the Implementation of the ESGG Framework

The implementation of the ESGG Framework does not present an insurmountable challenge. Individuals and entities alike may adhere to the ensuing protocol for the formulation of their respective career trajectories or visionary establishments. Subsequent to this, it becomes pertinent to publicly promulgate and embody the resultant ESGG Vow. Moving forward, it is imperative that entities recurrently disseminate their own accomplishments, thereby facilitating a milieu in which such achievements can be communally shared and perpetually evolved.

Firstly, in articulating such a sequence, a comprehensive discernment of the prevalent global issues is imperative. A thorough understanding of the multifaceted challenges currently besieging our planet is crucial to formulate our visions and strategic actions with precision. The juxtaposition of humanity's most egregious missteps over centuries with the behavioral pattern of chipmunks elucidates a facile comprehension. It is proclaimed that chipmunks, during autumn, collect acorns, consecrating them to the soil surrounding their habitats. However, a mere 30% of these concealed acorns are utilized for sustenance during winter, leaving the remainder undisturbed. From a human viewpoint, one might conjecture that chipmunk, unable to consume their entirety, exhibit folly. However, the untouched 70% of acorns metamorphose into oak trees, crucial for maintaining chipmunk habitats. From nature's vantage, the chipmunk exemplifies an intelligent organism, bestowing 70% of its yield back to nature, safeguarding not only its own habitat but the sanctuaries of diverse species as well. In juxtaposition, humans exhibit imprudence, desecrating the environment and depleting resources meant for future generations, consequently jeopardizing their own habitats. The inaugural value we ought to embrace for the efficacious enactment of ESGG hinges on discerning whether the acorns left by chipmunks embody folly or wisdom. Should humans assimilate and comprehend these ecological principles and cycles from chipmunks, the implementation of ESGG may indeed become a facile endeavor.

Furthermore, it is of paramount importance to discern the nuanced realities that our planet is currently contending with, ensuring that our pathway planning transpires under such cognizance, which is embodied by ESGG. Notably, ESGG workshops directed towards youth should entreat the involvement of guardians, safeguarding against the imposition of the aspirations of the parental generation upon the youth, owing to the stark divergence in the future contexts of both demographics.

Secondly, we are tasked with the formulation and implementation of sustainable development initiatives. Post a meticulous assessment of the earth's true state, a contemplation upon the methodologies through which global benevolence can be sought should transpire, to be subsequently encapsulated within an ESGG Vow. Activities and data related to such ESGG should be systematized and leveraged through advanced assessment and management by integrating big data and artificial intelligence.

In the formulation of sustainable development initiatives, three basics concepts are needed. The first basic is attributed to the establishment of a sustainable entity, herein referred to as "Zero Basic". All entities are obliged to contemplate a cyclical architecture that derives energy from nature, whilst refraining from the emission of waste. Considerations should not only encompass energy but also strive towards a degree of self-sufficiency in food resources. It necessitates acknowledgment that humans stand alone as the sole species on this planet that emit waste, consequently inflicting environmental degradation. The second basic is an internalization of only those constructs deemed sustainable amongst the myriad created by human civilization, denominated as "Urban Basic". It is purported that a staggering 90% of human creations transgress into waste within a mere six-month timeframe. An immediate cessation of linear economic advancement is imperative, ushering in a transition towards a circular economic development model. Particularly, the digital transition is paramount, necessitating a profound internalization.

Instances of this include, but are not limited to, remote education and telemedicine, thus rendering the communication network a crucial infrastructure. The third basic is the cultivation of a community in pursuit of global beneficence, denominated as 'Culture Basic'. Humans, in future societies, may very well embody species that function akin to the cerebral entity of the vast organic construct of the global community. This is resultant of their unique capacity, unparalleled amongst terrestrial species, to imagine and create, armed with linguistic capabilities. The era that necessitates the employment of humanity's imaginative and creative faculties is now unfurling. These values manifest in the pursuit of self-actualization, necessitating a community for a more efficacious realization of self. Presently, it is imperative that entities, spanning individuals, companies, and organizations, if equipped with these three aforementioned basics, will prove efficacious in the pursuit of global beneficence.

Thirdly, the bolstering of commitment shall be enacted through strategic policy support and the amalgamation of communities. The implementation of ESGG practices can, indubitably, present a formidable undertaking; hence, the perennial dissemination of the status of activities and an encouraging policy ambience is of critical importance. Furthermore, it is imperative that communities, espousing identical visions, embark on the collective enactment of ESGG practices. The aspiration here is to witness the expansion of such communities, ultimately amalgamating into a global community. Should humanity be constrained to a mere decade for response, it is imperative that 'Climate Activists' permeate society at an expeditious pace. It is with anticipation that governments worldwide will augment career planning, employing ESGG, through their educational institutions. The United Nations is ardently hoped to judiciously utilize ESGG in its endeavors to implement Sustainable Development Goals (SDGs). A fervent appeal is extended for the allocation of an enhanced budget from international funds designated for addressing the climate crisis, thereby facilitating the emergence of 'Climate Activists,' commencing with the global youth. Given the digital realm that humanity has sculpted, the proliferation of 'Climate Activists' may not necessitate an extensive duration, conceivably engendering hundreds of millions of such individuals. This is predicated on the notion that adopting the mantle of 'Climate Activists', especially in situations devoid of alternatives, constitutes a viable path for individuals, corporations, organizations, and humanity at large.

It is, therefore, anticipated that the United Nations will assume a pivotal role in propelling such ESGG campaigns.

4. The Constraints and Subsequent Assignments Pertaining to the ESGG Framework

Presented herein, this proposition emanates from a pressing urgency, recognizing that existing global strategies inadequately address our prevailing climate crisis. While this inaugural conceptual proposal lacks in extensive academic scrutiny and tangible exemplifications, it illuminates a pathway that warrants future, in-depth developments of methodologies and nuanced guidelines adapted to respective objectives. Specifically, the realms warranting discourse include, but are not limited to, the policy evolution within the ESGG, alongside its evaluative and incentivizing policies.

It is, with earnest optimism, anticipated that, within the ambit of actualizing the Sustainable Development Goals (SDGs), the United Nations might find alignment with the ESGG concept, engendering the birth of numerous Climate Activists. In such, the collective resolve of these individuals will become the crucible through which our climate crisis is overcome, navigating towards a redefined future.

Attachment: Description of the SDX Foundation

The SDX Foundation officially authorized by the Republic of Korea's Ministry of Trade, Industry, and Energy in 2015. The foundation has been actively involved in projects aimed at pursuing sustainable development (SD) through digital transformation (DX). A notable focus of the SDX Foundation has been the introduction of innovative approaches in the field of carbon reduction to address the challenges posed by the climate crisis.

A central initiative of the SDX Foundation is the development of a novel certification system called "Green Class Rating (GCR)" to facilitate voluntary carbon reduction activities among individuals and small to medium-sized enterprises. GCR enables companies to rapidly and simply assess their carbon emissions through performance reports, allowing them to compare their emissions to industry averages and make informed decisions about their carbon reduction initiatives. The foundation has also successfully implemented the "Carbon Reduction Certification (CRC)" system, which evaluates actual carbon reduction achievements and recognizes carbon offset rights. Utilizing digital technology, these systems are poised to contribute to the activation of voluntary carbon markets in the future.

The SDX Foundation recognizes that the fundamental solution to the climate crisis lies in a change in values. Therefore, apart from tangible carbon reduction activities, the foundation seeks to promote ESGG to prevent as many young individuals and global citizens as possible from becoming 'Climate Despairers', and instead encourages them to become 'Climate Activists', moving towards a brighter future. A foundational guidebook is scheduled for release in November, followed by international collaborations with relevant organizations, entities, and businesses to conduct various campaigns and workshops, all aimed at proliferating climate optimism.

'행복에너지'의 해피 대한민국 프로젝트!

〈모교 책 보내기 운동〉 〈군부대 책 보내기 운동〉

한 권의 책은 한 사람의 인생을 바꾸는 힘을 가지고 있습니다. 한 사람의 인생이 바뀌면 한 나라의 국운이 바뀝니다. 그럼에도 불구하고 많은 학교의 도서관이 가난하며 나라를 지키는 군인들은 사회와 단절되어 자기계발을 하기 어렵습니다. 저희 행복에너지에서는 베스트셀러와 각종 기관에서 우수도서로 선정된 도서를 중심으로 〈모교 책 보내기 운동〉과 〈군부대 책 보내기 운동〉을 펼치고 있습니다. 책을 제공해 주시면 수요기관에서 감사장과 함께 기부금 영수증을 받을 수 있어 좋은 일에 따르는 적절한 세액 공제의 혜택도 뒤따르게 됩니다. 대한민국의 미래, 젊은이들에게 좋은 책을 보내주십시오. 독자 여러분의 자랑스러운 모교와 군부대에 보내진 한 권의 책은 더 크게 성장할 대한민국의 발판이 될 것입니다.

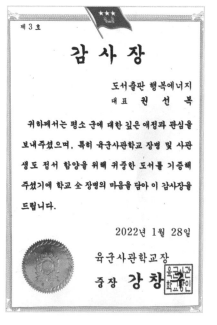

NOTE

NOTE

NOTE